www.ingramcontent.com/pod-product-compliance
Lightning Source LLC
LaVergne TN
LVHW020439070526
838199LV00063B/4785
* 9 7 8 9 3 5 8 7 2 6 1 3 8 *

جمال الدین افغانی:
ایک روشن نام

(مجلہ 'اقبال ریویو' کے 'جمال الدین افغانی نمبر' سے ماخوذ مضامین)

مرتبہ:

سید امتیاز الدین

© Syed Imtiazuddin
Jamal al-Din Afghani - Aik Raushan Naam *(Essays)*
by: Syed Imtiazuddin
Edition: June '2024
Publisher :
Taemeer Publications LLC (Michigan, USA / Hyderabad, India)

ISBN 978-93-5872-613-8

9 789358 726138

مرتب یا ناشر کی پیشگی اجازت کے بغیر اس کتاب کا کوئی بھی حصہ کسی بھی شکل میں بشمول ویب سائٹ پر اَپ لوڈنگ کے لیے استعمال نہ کیا جائے۔ نیز اس کتاب پر کسی بھی قسم کے تنازع کو نمٹانے کا اختیار صرف حیدرآباد (تلنگانہ) کی عدلیہ کو ہو گا۔

© سید امتیاز الدین

کتاب	:	جمال الدین افغانی : ایک روشن نام
مرتب	:	سید امتیاز الدین
پروف ریڈنگ / تدوین	:	اعجاز عبید
صنف	:	غیر افسانوی نثر
ناشر	:	تعمیر پبلی کیشنز (حیدرآباد، انڈیا)
سالِ اشاعت	:	۲۰۲۴ء
صفحات	:	۱۴۰
سرورق ڈیزائن	:	تعمیر ویب ڈیزائن

جمال الدین افغانی : ایک روشن نام 5 مرتب : سید امتیاز الدین

فہرست

(۱)	سید جمال الدین اسد آبادیؒ	مولانا ابو الکلام آزادؔ	6
(۲)	افغانیؒ کا پیام	بہادر یار جنگ	12
(۳)	ایک لمحہ جمال الدین افغانی کے ساتھ	ابو الحسن علی ندوی	18
(۴)	اقبال اور سید جمال الدین افغانی	غلام حسین ذوالفقار	31
(۵)	سید جمل الدین افغانی اور اقبال	معین الدین عقیل	62
(۶)	شاہین سید	مبارز الدین رفعت	104
(۷)	جمال الدین افغانی اور اقبال	محمد ریاض	112

سید جمال الدین اسدآبادیؒ

مولانا ابوالکلام آزادؔ

(یہ تحریر مولانا آزاد نے جمال الدین افغانی کی حیات میں لکھی تھی)

تقریباً دو ماہ گزرے ہیں کہ ایک شخص سید جمال الدین نامی سے میری ملاقات ہوئی اس شخص کی شخصیت کا میرے دماغ پر جو اثر پڑا۔ وہ ایسا ہے جو بہت کم شخصیتیں مجھ پر ڈال سکی ہیں۔ یہ اثر بہت قوی اور گہرا تھا اور اسی کا نتیجہ ہے کہ مجھے خیال ہوا سوربون یونیورسٹی کے خطبات کا موضوع یہ قرار دوں کہ "اسلام اور اس کا علم سے علاقہ " سید جمال الدین کی ذہنیت ایک ایسی ذہنیت ہے جو رسمی اسلام کے مؤثرات کی پوری طرح مقاومت کر سکتی ہے۔ میں جب اس شخصیت سے باتیں کر رہا تھا، تو اس کے افکار کی آزادی، طبیعت کی فضیلت، اور اظہار حقیقت کی جرأت دیکھ کر مجھے خیال ہوا میں اس وقت ان مشاہیر عالم میں سے کسی ایک کو مخاطب کر رہا ہوں کہ دنیا کے گزشتہ علمی زمانوں میں گزر چکے ہیں، اور جن سے تاریخ کے ذریعے ہم نے واقفیت حاصل کی ہے میں گویا ابن سینا، ابن رشد یا ان حکماء عظام میں سے کسی حکیم کو اپنے سامنے دیکھ رہا تھا جنہوں نے فکر انسانی کو جہل و اوہام کے قیود سے نجات کے لئے تاریخ عالم کی پانچ صدیوں تک اپنی شجاعانہ جدوجہد جاری رکھی تھی۔

(یہ عبارت مشہور فرانسیسی مستشرق ارنسٹ رینان کی ہے۔)(مرتب)

سید جمال الدین انیسویں صدی کی تاریخ مشرق نے اصلاح و تجدد کی جس قدر شخصیتیں پیدا کی ہیں، ان میں کوئی شخصیت بھی وقت کی عام پیداوار سے اس قدر مختلف اور اپنی طبعی ذہانت اور غیر اکتسابی قوتوں میں غیر معمولی نہیں ہے، جس قدر سید جمال الدین کی شخصیت ہے۔ بغیر کسی تامل کے کہا جا سکتا ہے کہ مشرق جدید کے رجال تاریخ اور قائدین فکر کی صف میں اس کی شخصیت کئی اعتبار سے اپنا سہیم و شریک نہیں رکھتی!

وہ ایک گمنام اور مجہول ماحول میں پیدا ہوا۔ ایسے مجہول ماحول میں کہ آج تک یہ بات قطعی طور پر معلوم نہ ہو سکی کہ وہ فی الحقیقت باشندہ کہاں کا تھا؟ اسد آباد کا جو اہرات کے قریب ہے اور افغانستان میں واقع ہے، یا اسد آباد کا جو ہمدان کے قریب اور ایران میں واقع ہے؟

اس کے وطن کی طرح اس کی ابتدائی زندگی کے حالات پر بھی ظن و تخمین کے پردے پڑے ہوئے ہیں۔ تاہم یہ قطعی ہے کہ تعلیم و تربیت کا اسے کوئی موقعہ ایسا نہیں ملا تھا جو کسی اعتبار سے بھی ممتاز اور قابل ذکر ہو۔ انیسویں صدی کے کامل تنزل یافتہ افغانستان اور پنجاب کے علماء اپنے گھروں اور مسجدوں میں علومِ رسمیہ کی جیسی کچھ تعلیم دیا کرتے تھے، زیادہ سے زیادہ تعلیم جو اس نے حاصل کی تھی، وہ وہی تھی۔ جن استادوں سے اس نے تعلیم حاصل کی وہ بھی یقیناً معمولی درجے کے تھے۔ ان میں کوئی شخص ایسا نہ تھا جس کی علمی شخصیت قابل ذکر ہو۔

دنیا کے نئے تمدنی انقلاب اور نئے علوم سے آشنا ہونے کا بھی اسے کوئی خاص موقع حاصل نہیں ہوا تھا۔ اس کا ابتدائی زمانہ زیادہ تر افغانستان میں بسر ہوا۔ یا ایک روایت کے مطابق ایران میں، اور یہ دونوں مقامات اس وقت مغربی تمدن و علوم کی تعلیم و تعلم کا کوئی

سامان نہیں رکھتے تھے۔

صحبت اور معاشرت بھی اکتسابی تعلیم و تربیت کا سب سے بڑا ذریعہ ہے بلکہ بسا اوقات درس و تدریس کی باقاعدہ تعلیم سے بھی کہیں زیادہ مؤثر قرینہ اس کا موجود نہیں کہ اسے مشرق وایشیا کی عام مقلدانہ ورسمی سطح سے کوئی بلند درجہ کی صحبت ملی ہو۔

سیر و سیاحت بھی ذہن کی نشو و ترقی کا بہت بڑا ذریعہ ہے لیکن اس نے اپنی ابتدائی زندگی میں ہندوستان اور حجاز کے سوا اور کسی مقام کا سفر نہیں کیا تھا۔ ظاہر ہے کہ ان دونوں مقامات میں کوئی سر چشمہ ایسا موجود نہ تھا جس سے ایک مجتہدانہ فکر و نظر کی پیدائش ہو سکے۔ انیسویں صدی کے اوائل میں ان مقامات کا تعلیمی تنزل منتہا کمال تک پہنچ چکا تھا۔

سب سے زیادہ یہ کہ اس نے جتنی بھی اور جیسی کچھ بھی تعلیم حاصل کی تھی۔ وہ وہی تعلیم تھی جو بجائے خود مسلمانوں کے ذہنی تنزل کی پیداوار ہے، اور کئی صدیوں سے اسلامی دنیا کے دماغی تنزل کا سب سے بڑا سبب بن گئی ہے۔ اس تعلیم سے ذہن و فکر کی تمام قوتیں پژمردہ ہو جا سکتی ہیں لیکن آزادانہ نشو و نما نہیں پا سکتیں۔

با ایں ہمہ وہ ۱۸۷۰ء میں جب کہ اس کی عمر بہ مشکل تیس برس کی ہو گی۔ یکایک قاہرہ میں رونما ہوتا ہے۔ اور صرف چالیس دن کے قیام سے اس عظیم مشرقی دارالحکومت کے تمام علمی حلقوں کو اپنی طرف متوجہ کر لیتا ہے۔ حتیٰ کہ اس کی "عجیب اور نئی قسم کی علمی قابلیتوں" کی شہرت دارالخلافہ قسطنطنیہ تک پہنچتی ہے اور اس کی تمام اصلاحی اور انقلابی قوتیں نمایاں ہو جاتی ہیں!

وہ ادبِ عربی کا ایک عجمی متعلم تھا۔ جس نے بعید ترین عجمی ممالک میں عجمی اساتذہ سے ناقص اور گمراہ قسم کی ابی تعلیم حاصل کی تھی لیکن وہ عربی زبان کے سب سے بڑے

مرکز قاہرہ میں سب سے پہلے صحیح و صالح فن عربیہ کا درس دیتا ہے اور عربی کتابت و تحریر کا ای نیا دور پیدا کر دیتا ہے۔ آج مصر و شام کے تمام مشاہیر اہل قلم اعتراف کرتے ہیں کہ "کتابتِ عربیہ میں ہم سب اسی عجمی کے عیال ہیں"۔ موجودہ دور میں عربی کا سب سے بہتر کاتب شیخ محمد عبدہ تھا، اور وہ اسی کا شاگرد تھا۔

اس نے علوم حکمیہ کی جس قدر بھی تعلیم حاصل کی تھی۔ وہ وہی موجودہ مدراس عربیہ کے متون و شرح کی عقیم و کج اندیش تعلیم تھی۔ لیکن وہ ذہن مستعد طلباء کی ایک جماعت منتخب کر کے علوم حکمیہ کا درس و املا شروع کر دیتا ہے۔ اور قدیم معقولات کی وہ تمام گمراہیاں ایک ایک کر کے واضح کرتا ہے۔ جن کے اعتقاد و جمود نے صدیوں سے مشرقی دنیا کا ذہنی ارتقاء معطل کر دیا ہے۔

مذہب اور علم دونوں میں اس کی مصلحانہ ذہنیت نمایاں ہوتی ہے۔ اور کسی گوشے میں بھی اس کے قدم وقت کی مقلدانہ سطح سے مس نہیں ہوتے۔ سیاست میں وہ سرتاپا انقلاب کی دعوت ہوتا ہے اور جہاں کہیں جاتا ہے چند دنوں کے اندر مستعد اور صالح طبیعتیں چن کر انقلاب و تجدد کی روح پھونک دیتا ہے۔ اس نے بہ یک وقت مصر، ایران، اور عراق، تینوں مقامات میں اصلاح و انقلاب کی تخم ریزی کر دی!

وہ اپنے اولین قیامِ مصر سے تقریباً بارہ برس بعد پہلی مرتبہ یورپ کا سفر کرتا ہے اور پیرس میں وقت کے سب سے بڑے فلسفی اور علم و دین کی نام نہاد نزاع میں سب سے بڑے حریف دین و مذہب، پروفیسر رینان سے ملتا ہے، وہ پہلی ہی ملاقات میں اس "عجیب الاطوار مشرقی فیلسوف" سے اس درجہ متاثر ہوتا ہے کہ اخبار طان میں سید موصوف کے ایک مقالے کا ذکر کرتے ہوئے لکھتا ہے۔

"میں نے اس کی شخصیت میں ابن سینا اور ابن رشد کی روح دیکھی"

جیسا کہ اوپر ذکر ہو چکا ہے۔ یاد رہے کہ انسان کی قابلیت کیسی ہی کیوں نہ ہو لیکن مخاطب کے تاثر کے لئے وہ بہت کچھ قوتِ بیانیہ اور فصاحتِ تکلم کا محتاج ہوتا ہے۔ جس وقت سید جمال الدین رینان سے پیرس میں اور لارڈ سابسری سے لندن میں ملا ہے اس وقت اس کی فرانسیسی زبان کی تعلیم کی تاریخ صرف اتنی تھی کہ اثناء قیامِ مصر میں ایک شخص سے لاطینی الف بے قلمی لکھوالی تھی، اور پھر کچھ عرصے کے بعد ایک کتاب خرید لی تھی۔ جو عربی میں فرانسیسی کی ابتدائی تعلیم کے لئے لکھی گئی تھی۔ کوئی ثبوت موجود نہیں کہ اس نے کسی انسان سے باقاعدہ فرانسیسی زبان کی تعلیم حاصل کی ہو۔ لیکن یہ واقعہ ہے کہ وہ فرانسیسی زبان میں بہتر سے بہتر تحریر و تقریر کر سکتا تھا۔ ترکی، روسی اور انگریزی بھی اسی طرح اس نے سیکھ لی تھی۔

مشہور ہے کہ جب پیرس میں روسی سفیر نے اس سے ملنا چاہا تو اس نے ملاقات کی تاریخ ایسی مقرر کرائی۔ جو دو ہفتہ بعد آنے والی تھی۔ اس کے بعد وہ ایک کتب فروش کے یہاں گیا اور اس سے کہا۔ "مجھے فرانسیسی میں روسی زبان سکھانے والی کتاب چاہئے۔ میں خرید لوں گا۔ بشرطیکہ تم اس کا بھی انتظام کر دو کہ آج سے ایک ہفتہ بعد کوئی روسی زبان بولنے والی آدمی مجھ سے ملاقات کر سکے۔" کتب فروش نے کتاب بھی دی، اور ایک ایسے شخص کا انتظام بھی کر دیا۔ جو اسی کے یہاں ملازم تھا۔ جمال الدین نے ایک ہفتہ تک بطور خود کتاب دیکھی۔ پھر آٹھویں دن سے چودھویں دن تک روز ایک گھنٹہ روسی سے باتیں کرتا رہا۔ اور پندرھویں دن وہ تیار ہو گیا تھا کہ روسی سفیر سے بغیر کسی مترجم کی وساطت کے ملاقات کرے!

سید کے سوانح حیات اگر سید جمال الدین کی زندگی میں لوگ اس کے حالات سے واقف نہ ہو سکے، تو یہ چنداں عجیب بات نہیں ہے۔ دنیا نے ہمیشہ اپنے اکابر و اعاظم سے ان کی زندگی میں غفلت برتی ہے، اور جب تک وہ دنیا سے رخصت نہیں ہو گئے ہیں۔ ان کے

حقوق کا اعتراف نہیں کیا ہے۔ خصوصاً مصلحین و مجددین امم کے لئے تو زندگی میں تغافل اور موت کے بعد تعظیم و احترام اس دنیا کا ایک عام اور غیر متغیر قانون ہے۔ لیکن یہ صورت حال کس درجہ عجیب اور تاسف انگیز ہے کہ اس کی وفات پر پورے تیس برس گزر چکے ہیں اور وہ تمام مشرقی ممالک بیدار ہو چکے ہیں۔ جہاں اس نے اصلاح و انقلاب کی ابتدائی تخم ریزی کی تھی۔ تاہم اس کی زندگی بدستور تاریخ کی روشنی سے محروم ہے اور اس سے زیادہ مشرق کچھ نہیں جانتا، جتنا یورپ کے بعض محبِ شرق اہل قلم نے بتلادیا ہے!

افسوس اس جہل و غفلت پر! ہم صرف اپنے قدما کی شناخت ہی کے لئے یورپ کے محتاج نہیں ہیں بلکہ اپنے عہد کے اہل فضل و کمال کے لئے بھی اس کے محتاج ہیں۔ جب تک وہ انگلی سے اشارہ کر کے نہ بتلادے، ہم خود اپنی قوم اور عہد کے بڑے بڑے انسانوں کو بھی نہیں پہچان سکتے!

ہندوستان میں تو الہلال کی اشاعت سے پہلے غالباً لوگ سید جمال الدین کے نام سے بھی آشنا نہ تھے۔ ۱۸۷۹ء میں جب وہ حیدرآباد اور کلکتہ میں مقیم تھا تو ہندوستانی مسلمانوں میں سے صرف ایک شخص یعنی مرحوم عبد الغفور شہباز تھا۔ جسے اس کے فضل و کمال کی تھوڑی سی شناخت نصیب ہوئی تھی، اور اس کے چند فارسی مقالات کا اردو ترجمہ شائع کیا تھا۔ (پروفیسر عبد الغفور شہباز، مصنف حیات نظیر اکبر آبادنے علامہ جمال الدین افغانیؒ کی زندگی میں ان کی اجازت سے ان کے فارسی مقالات کا مجموعہ "مقالات جمالیہ" کے نام سے شائع کیا تھا۔ یہ مجموعہ رپن پریس کلکتہ سے ۱۸۸۲ء میں شائع ہوا۔ مرتب)

(ماخوذ از مقام جمال الدین افغانی۔ مرتب مبارز الدین رفعت۔ مطبوعہ: نفیس اکیڈیمی حیدرآباد۔ دکن)

***

افغانیؒ کا پیام

قائد ملت بہادر یار جنگ

علامہ سید جمال الدین افغانی کی یاد منانے، ان کے افکار سے اپنی زندگیوں کے لئے سامان حیات پیدا کرنے آج ہم یہاں جمع ہوئے ہیں۔ علامہ انیسویں صدی کی آخری یاد گار ہیں۔ جب ملّتِ مرحوم کی سوکھی ہوئی کھیتیوں پر خداوند قدوس کو رحم آیا اور جب کہ ہر طرف انحطاط و زوال کا دور دورہ تھا۔ بادشاہوں میں اسلام دوستی کے بجائے عیش پرستی داخل ہوگئی تھی۔ ترکستان میں سلطان عبدالحمید کی طاقت گھٹتی جارہی تھی اور یورپ اسے مردِ بیمار سمجھنے لگا تھا۔ ایران اپنے بادشاہ کی بدعنوانیوں کا شکار تھا۔ افغانستان میں طوائف الملوکی پھیلی ہوئی تھی ایک ایسا زمانہ تھا جب کہ چاروں طرف اسلامی دنیا میں انحطاط کے آثار نمایاں تھے۔ اللہ تعالیٰ ایک ایسے فرد کو پیدا کرتا ہے جس نے نہ صرف سوئی ہوئی قوم کو جگایا۔ بلکہ اسلامی دنیا کی روح کو اس شدت کے ساتھ بیدار کیا۔ جس کے آثار آج تک ہم میں موجود اور زندہ ہیں۔ علامہ سید جمال الدین کی زندگی کے مختلف پہلوؤں پر آج اور کل ان جلسوں میں مقالے اور مضامین پیش کئے جائیں گے جن کو سن کر آپ مرحوم کی تعلیمات اور تاثرات سے صحیح طور پر واقف ہو سکیں گے۔ جس عظیم الشان ہستی کی آپ یاد منا رہے ہیں، اس ہستی کے ساتھ مجھے بھی اس اعتبار سے نسبت ہے کہ صدیاں کیوں نہ گزری ہوں۔ میں بھی اپنے آپ کو افغانی تصور کرتا ہوں۔ میرا ایقان ہے کہ اللہ تعالیٰ نے دنیا کی ہر ایک قوم سے جس میں سپاہیانہ جوہر موجود ہیں اسلامی تاریخ کے کسی نہ

کسی دور میں عظیم الشان خدمات انجام دلائی ہیں۔ عرب کے سپاہی منش باشندے حضرت رسولؐ کریم کے پیام گرامی پر اٹھے اور اس پیام کو ساری دنیا میں پہنچایا جو تاریخ کے طالبعلموں سے پوشیدہ نہیں۔ اسلام کے خلاف چھٹی صدی ہجری میں مغلوں کا عظیم الشان سیلاب اٹھا لیکن تاریخ گواہ ہے کہ۔

پاسباں مل گئے کعبے کو صنم خانے سے

ان ہی مغلوں نے حلقہ بگوش اسلام ہو کر عربی فتوحات کی تکمیل کی اور ایک طرف سارے ہندوستان میں اللہ اکبر کا غلغلہ بلند کیا۔ تو دوسری طرف بلقان اور یورپ کے دوسرے ممالک میں صدائے لا الہ اللہ بلند کی۔

علامہ افغانی کی وطنیت سے متعلق ان کے سیرت نگاروں میں اختلاف ہے کہ وہ افغانی تھے یا ایرانی۔ ایرانیوں کا دعویٰ ہے کہ وہ ایرانی تھے اور اسد آباد کے رہنے والے !افغانیوں کا دعویٰ ہے کہ وہ افغانی تھے اور اسعد آباد کے رہنے والے ! وہ اسعد آباد کے باشندے ہوں یا اسد آباد کے۔ لیکن اس میں کلام نہیں کہ وہ ہمیشہ اسلام کے شیر اور آسمانِ سعادت کے آفتاب تھے۔ ایک سو سال قبل اسلام کا یہ عظیم الشان فرزند بمقام اسعد آباد پیدا ہوا۔ گمنامی کی حالت میں تعلیم و تربیت حاصل کی۔ کس کو معلوم تھا کہ یہ آزادی و حریت کا علمبردار بن کر دنیائے اسلام کے لئے باعث فخر ثابت ہو گا۔ علامہ جمال الدین افغانی نے اپنی عمر کے بیس سال بھی ختم نہ کئے تھے کہ انہوں نے سفر حج کا عزم کیا اور وہاں سے واپس آکر امیر دوست محمد خان کے دربار میں ایک مقام پیدا کر لیا۔ دوست محمد خان کے انتقال کے بعد امیر شیر علی خان سے علامہ مرحوم کی نہ بنی۔ علامہ مرحوم نے ان کے بڑے بھائی اعظم خان کا ساتھ دیا اور جب افغانستان کی زمین ان کے لئے تنگ ہو گئی تو وطن سے ہجرت کی اور مصر چلے گئے اور وہاں سے استنبول کا ارادہ کیا۔ علامہ کی باریک بین نگاہیں ملتِ اسلامیہ کی موجودہ حالت اور اس کی پستی کے اسباب کا پوری توجہ

سے جائزہ لے رہی تھیں۔ انھوں نے محسوس کیا کہ جس جماعت کے دوش پر رہبری اور رہنمائی کی ذمہ داری ہے اور جو علمبردار دین و مذہب ہیں وہی اپنی اتحادی قوتوں کے فقدان عمل سے بیگانگی، للّٰہیت اور خلوص سے بعد اور نفسانیت و خود غرضی کے جذبات سے معمور ہو کر اسلام کی تباہی کا باعث ہو رہے ہیں۔ تو علامہ نے اپنی زندگی کا سب سے پہلا مقصد یہی قرار دیا کہ اس جماعت کی اصلاح کی جائے۔ یہی وجہ ہے کہ استنبول میں ان کی سب سے پہلی ٹکر شیخ الاسلام سے ہوئی۔ دارالخلافہ میں علامہ ابھی کمر کھولنے نہ پائے تھے کہ خارج البلد کئے گئے وہاں سے پھر مصر آئے اور جامعہ ازہر کے طلبہ و علماء میں اپنے خیالات کی اشاعت شروع کی۔ شیخ محمد عبدہ جیسا عظیم المرتبت شاگرد اور سعد زاغلول جیسا مستقبل ساز قائد تھوڑے ہی دنوں کی کاوش سے سید مرحوم نے پیدا کر لیا۔

اس وقت مصر پر خدایو اسمعیل حکومت کر رہا تھا۔ جو یورپ کے سرمایہ داروں کا مقروض ہو چکا تھا۔ آہستہ آہستہ سوئنز ہی نہیں بلکہ مملکت مصر بھی اس کے ہاتھوں سے چلی جا رہی تھی۔ اس وقت علامہ خاموش نہ بیٹھ سکے۔ مصر کو خدیو سے نجات دلانے اور اسلامی ملک کو یورپ کے پنجہ حرص و آز سے بچانے کے لئے اپنے آپ کو وقف کر دیا۔ یہی سب سے بڑی خدمت تھی جو مصر میں بیٹھ کر علامہ نے انجام دی علامہ مرحوم نے یہی مناسب سمجھا کہ خدیو اسمعیل کو قتل کر کے یہاں کے تخت کو الٹ دیا جائے تاکہ دوسروں کے تسلط سے اس ملک کو بچایا جاسکے۔ علامہ نے شیخ عبدہ سے مل کر خدیو کے قتل کا منصوبہ کر لیا تھا۔ لیکن اس اثنا میں سلطانِ ترکی نے خدیو اسمعیل کو معزول کر دیا۔ توفیق جانشین ہوئے۔ خدیو توفیق تخت نشینی سے قبل سید افغانی کی جماعت کا رکن اور ان کا ارادت کیش تھا۔ علامہ کے سارے منصوبوں سے واقف تھا۔ جب تخت نشینی کے بعد اس نے محسوس کیا کہ مغربی دوں کے آگے ہتھیار رکھنے پر وہ مجبور ہے تو اس نے علامہ کو حکم دیا کہ وہ مصر سے باہر چلے جائیں۔ سچ ہے کہ مقام حکومت و بادشاہت اور مقامِ دولت

ہی ایسا مقام ہے جہاں انسانیت کو بمشکل باقی رکھا جا سکتا ہے۔

بادہ ہا خوردن و ہوشیار نشستن سہل است

گر بدولت برسی مست نگردی مردی

یہاں سے علامہ حیدرآباد آتے ہیں۔ اس وقت جب کہ انھوں نے تمام ملوکیت سوز قوتیں پیدا کر دی تھی اور شیخ عبدہ' وزاخلول شاہ جیسے جانشین پیدا کر چکے تھے۔ آپ حیدرآباد میں دو سال رہے۔ جمہوریت کا وہ شیدائی اور عمومیت کا وہ فدائی جو قاچار کو قتل کرنے اور خدایو اسمعیل کو ختم کرنے کے منصوبے گانٹھ رہا ہو اور جس کو دنیا آج بھی شہنشاہیت و ملوکیت کا دشمن تصور کرتی ہو۔ حیدرآباد آتا اور دو سال حیدرآباد میں رہتا ہے اس وقت کیا حیدرآباد اپنی موجودہ حالت میں نہ تھا کیا بلارم والوں کی چھاؤنیاں اس وقت انگریزی فوجوں سے خالی تھیں؟ کیا اس وقت حیدرآباد میں انگریزی رزیڈنسی قائم نہ ہوئی تھی؟ اور کیا حیدرآباد میں اس وقت با اقتدار ملوکیت کا کام نہیں کر رہی تھی؟ پھر کیا وجہ ہے کہ شہنشاہیت کا دشمن ملوکیت کا قاتل جمال الدین دو سال حیدرآباد میں رہتا ہے اور اس ملوکیت کے خلاف ایک لفظ نہیں کہتا۔ اس لئے کہ وہ جانتے تھے کہ جمہوریت یہاں کی حیثیت اختیار کرے گی اور کس جانب منتقل ہو گی۔

سید جمال الدین دور بین نظر رکھتے تھے اور ان کی عواقب پر نظر تھی قومیت پرستی کی رو میں نہیں بہہ رہے تھے بلکہ ان کی نگاہیں مستقبل کے پردوں کو چاک کر کے سو برس آگے کی طرف دیکھ رہی تھیں۔ وہ جانتے تھے کہ ترکی، ایران، افغانستان اور مصر ملوکیت کی تباہی ایک اسلامی جمہوریت کے احیاء کا باعث ہو گی۔ لیکن حیدرآباد میں جمہوریت اسلام کی بیخ کنی اور مسلمانوں کے غلامی کی نتائج پیدا کرے گی۔

بڑا ہی افسوس ہے کہ علامہ سے متعلق حیدرآباد میں کوئی پتہ نہیں چلتا کہ کیا مشاغل تھے البتہ قاضی عبدالغفار صاحب نے اپنے مقالہ میں بتایا ہے کہ آپ کی سید علی بلگرامی

اور نواب رسول یار جنگ اولیٰ سے ملاقات رہی۔ جب اعرالی پاشا نے سید افغانی کی سلگائی ہوئی آگ کے شعلوں کو قصر عابدین کے رواقوں تک پہنچا دیا۔ تو انگریزوں کو اندیشہ ہونے لگا کہ کہیں اس کے شعلے ہندوستان تک نہ پہنچیں۔ سید مرحوم کلکتہ میں نظر بند کر دیئے گئے اور اس وقت تک وہیں رہے جب تک مصر کے حالات انگریزوں کے لئے قابل اطمینان نہ ہو گئے۔

ایک روایت یہ بھی ہے کہ ہندوستان سے علامہ امریکہ کے گئے اور وہاں سے واپس آکر فرانس میں قیام کیا۔ پیرس میں شیخ محمد عبدہ بھی ان سے آکر مل گئے اور العروۃ الوثقی نامہ رسالہ جاری کیا جو گو زیادہ دنوں تک جاری نہ رہ سکا۔ لیکن اس نے بلادِ اسلامیہ اور یورپ میں ایک انقلابی کیفیت پیدا کر دی۔ آپ کچھ دنوں کے لئے لندن گئے روس کا سفر کیا۔ یہاں شاہ قاچار سے ملاقات ہو گئی۔ وہ آپ کو ایران لے آئے اور وزارت کے منصب پر فائز کیا۔ شاہ قاچار سے آپ خوش نہیں تھے۔ دونوں کے خیالات میں زبردست فرق تھا۔

ایران بھی مصر کی طرح اس وقت مغربی اقوام کی حرص و آز کا مرکز بنا ہوا تھا۔ ایک طرف سے روس آذر بائیجان اور خراسان کے علاقے پر آہستہ آہستہ مختلف حیلوں سے قبضہ کر رہا تھا تو دوسری طرف تمباکو کی یوروپی کاشت اور معدنیات کے ٹھیکے انگریزوں کو دیئے جا رہے تھے۔ علامہ مرحوم کی دور بین نگاہیں اس قدیم اسلامی سلطنت کو دیو مغرب کے پنجہ میں پھنسا ہوا دیکھ رہی تھیں اور برداشت نہیں کر سکتی تھیں۔ انہوں نے اپنی عادت کے مطابق علماء اور عوام کو اس کے خلاف احتجاج کے لئے تیار کرنا شروع کیا۔ ناصر الدین شاہ قاچار سے تعلقات بگڑے چنانچہ نتیجہ یہ نکلا کہ جمال الدین مرحوم کو پابہ زنجیر کر کے ایران سے بحالت بخار بری طرح نکال دیا۔ لندن میں کچھ دنوں قیام کے بعد سلطان عبدالحمید کی دعوت پر آپ قسطنطنیہ پہنچے۔ یہاں پان اسلامزم کی تحریک شروع کی

جو سید مرحوم کا آخری اور شاندار کارنامہ ہے اور آج بہترین شکل میں میثاق سعد آباد کے نام سے موجود ہے۔ اس کا سہرا مصطفےٰ کمال اعلیٰ اللہ مقامہ کے سر رہا۔ یقین ہے کہ علامہ کی روح اپنے اس مقصد کی تکمیل کو دیکھ کر خوش ہو رہی ہو گی۔

علامہ کے پیش نظر جمہوریت کا احیاء شہنشاہیت کا قلع قمع نہیں بلکہ تسلط اسلامیہ تھا۔ آپ ملتِ اسلامیہ کو سدھارنے اور آگے بڑھانا چاہتے تھے۔ ان کے راستے میں اگر شاہانہ اور ملوکانہ طاقتیں پڑتی تھیں تو وہ ان کو ہٹاتے ہوئے آگے بڑھتے اور ان کی پروانہ کرتے تھے۔ بعض ان کے سیرت نگار رابطہ اسلامی تحریک سے متعلق یہ خیال رکھتے ہیں کہ علامہ نے سلطان عبد الحمید کی خاطر شروع کی تھی جس کا سر نیاز امیر شیر علی جیسے مستبد بادشاہ خدیو اسمعیل جیسے عیاش سلطان اور ناصر الدین شاہ قاچار جیسے عظیم المرتبت شہنشاہ کے سامنے نہ جھکا۔ اور جس کی آنکھیں ہمیشہ افرنگی سیاست و تدبر کا مردانہ وار مقابلہ کرتی رہیں۔ اس کی نسبت یہ بدگمانی گناہ ہے۔ حقیقت یہ ہے کہ سید مرحوم کے تجربے نے یہ ثابت کر دیا کہ اسلامی مملکتیں چاہے جتنی آزاد اور قوی ہوں اپنی انفرادی حیثیت میں مغربی سیلابِ تسلط کا کسی طرح مقابلہ نہیں کر سکتیں۔ اسی تجربے کے بعد وہ آخر اس نتیجے پر پہنچے تھے کہ مشرق میں ملتِ اسلامیہ کی بقاء اور مغربی سیلاب کا مقابلہ صرف ان اسلامی قوتوں کے باہمی ربط میں مضمر ہے۔

(ماخوذ از مقامِ جمال الدین افغانی۔ مرتب مبارز الدین رفعت، مطبوعہ نفیس اکیڈیمی حیدرآباد۔ دکن)

***

ایک لمحہ جمال الدین افغانی کے ساتھ

مولانا سید ابوالحسن علی ندوی

(جاوید نامہ میں) اقبال نے پیر رومی کے ساتھ اپنی فکری اور روحانی سیاحت میں ماضی کی عظیم شخصیات ارباب مذاہب و فلسفہ، اور سیاسی لیڈروں اور ادبی تحریکوں کے علمبرداروں سے ملاقاتیں کیں اور پھر اس اچھوتی وادی میں پہنچے جہاں آدمی کے قدم نہیں پہنچے تھے، اس میں فطرت کا جمال اپنی اصل و حقیقت کے ساتھ موجود تھا، پہاڑ اور میدان، چمن زار اور آبشار سب دل کو موہ رہے تھے، شاعر کو تعجب ہوا کہ دنیا دنیائے رنگ و نور ہزاروں سے سال سے انسانی تمدن اور صنعتی سرگرمیوں سے خالی ہی چلی آرہی ہے۔

جمالِ فطرت فضا کی لطافت، آبشاروں کے ترنم و تکلم اور وادی کی دلبری و رعنائی نے شاعر کو بہت متاثر کیا اسی اثناء میں وہ اپنے شیخ رومی کی طرف متوجہ ہو کر دور سے آنے والی آواز اذاں پر حیرت کا اظہار کرتے ہیں کہ میرے کان غلط تو نہیں سن رہے ہیں، رومی ان سے تسلی دینے کے انداز میں کہتے ہیں کہ یہ تو صلحا اور اولیاء ہی کی وادی ہے، ور اس سے ہمارا ابھی قریبی رشتہ ہے اس لئے کہ حضرت آدمؑ نے جنت سے نکلنے کے بعد ایک دو دن یہیں قیام فرمایا تھا، اس سرزمین نے ان کی آہِ سحر گاہی اور نالۂ نیم شبی کی صدا سنی ہے، اس میں ان کے اشک ندامت جذب ہوئے ہیں، اس کی زیارت کے لئے بلند مقام لوگ

اور فضیلؒ، جنیدؒ و بایزیدؒ جیسے اولیاء ہی ہمت کرتے ہیں آؤ ہم اس مقدس وادی میں وہ نماز شوق ادا کریں جس سے مادی دنیا میں اب تک محروم تھے۔

دونوں آگے بڑھتے ہیں۔ اور دو آدمیوں کو نماز پڑھتے دیکھتے ہیں جس میں ایک افغانی ہے اور ایک ترک۔ امام جمال الدین افغانی ہیں اور ان کے مقتدی سعید حلیم پاشاہ رومی اقبال سے کہتے ہیں کہ مشرقی ماؤں نے ان دونوں سے بڑھ کر کسی کو نہیں جنا، ان کی فکر و نظر نے مشرق کے مرد بیمار میں روح نشاط پھونک دی اور ایک سرے سے دوسرے سرے تک بیداری کی لہر دوڑا دی، سعید حلیم پاشا قلب درد مند اور فکر ارجمند کے مالک تھے، ان کی روح جتنی بے تاب تھی اتنی ہی ان کی عقل روشن اور راہ یاب، ان کے پیچھے پڑھی ہوئیں دو رکعتیں عمروں کی عبادت و ریاضت سے بڑھ کر تھیں۔

سید جمال الدین نے سورۂ النجم پڑھی، زمان و مکان کی مناسبت، امام کی پر سوز شخصیت، قرآن کے جمال اور قرأت کی موزونیت نے سوز و اثر کی عجیب فضا پیدا کر دی جس میں آنکھیں اشکبار اور دل بیقرار ہو اٹھے، یہ مسحور کن قرأت اگر حضرت ابراہیمؑ و جبرئیلؑ بھی سنتے تو لطف اندوز ہوتے اور اس کی داد دیتے، ان کی آواز میں وہ تاثیر تھی کہ مردے جی اٹھیں قبروں سے "الا اللہ" کے نعرے بلند ہونے لگیں اور حضرت داؤد بھی سوز و مستی کا پیغام سنیں، یہ قرأت ہر پردگی کو آشکار اور اسرارِ کتاب کو بے حجاب کر رہی تھی۔

اقبال کہتے ہیں کہ میں نے نماز کے بعد ادب و محبت سے ان کے ہاتھ چومے اور رومی نے ان سے میرا تعارف کراتے ہوئے کہا یہ سیلانی کسی منزل پر ٹھہرتا ہی نہیں اور دل میں تمناؤں کی ایک دنیا لئے پھرا کرتا ہے، یہ مرد آزاد اپنے سوا کسی کا قائل نہیں، قلندری و بے باکی اس کا پیشہ اور اس کی زندگی ہے اسی لئے اسے "زندہ رود" کہتا ہوں۔

افغانی ان سے خاکدانِ عالم کے احوال پوچھتے ہیں اور خاک نژاد لیکن نوریں نہاد۔۔۔ مسلمانوں۔۔۔ کے بارے میں بیتابی سے سوال کرتے ہیں، میں نے کہا کہ سیدی! امت جو تسخیر کائنات کے لئے اٹھی تھی اب دین و وطن کی کشمکش میں مبتلا ہے اب ایمان کی طاقت اور روح کی قوت اس میں باقی نہیں اور دین کی عالمگیری پر بھی اسے چنداں اعتبار نہیں، اس لئے قومیت و وطنیت کے سہارے لے رہی ہے ترک و ایرانی مئے فرنگ سے مخمور اور اس کے مکر و فریب سے شکستہ و رنجور ہیں، اور مغربی قیادت نے مشرق کو زار و نزار بنا دیا ہے، اور دوسری طرف اشتراکیت دین و ملت کی عزت سے کھیل رہی ہے؛

روح در تن مردہ از ضعف یقیں

نا امید از قوتِ دین مبیں!

ترک و ایران و عرب مستِ فرنگ

ہر کسے را ور گلو شستِ فرنگ

مشرق از سلطانیِ مغرب خراب

اشتراک از دین و ملت بردہ تاب

(ترجمہ:

یقین کی کمزوری کی وجہ سے اس کے جسم میں روح مردہ ہو چکی ہے اور وہ روشن دین کی قوت سے ناامید ہے۔

ترک، ایران اور عرب سب فرنگ (کی شراب میں) مست ہیں اور ہر کسی کے گلے میں فرنگ کا کانٹا اٹکا ہوا ہے۔

سلطانیِ مغرب نے شرق کو تباہ کر دیا ہے اور اشتراکیت نے دین و ملت کی چمک ختم کر دی ہے۔)

افغانی نے یہ سب صبر و سکون لیکن حزن والم کے ساتھ سنا اور وہ پھر یوں گویا ہوئے "عیار فرنگ نے اہل دین کو قوم د وطن کی پٹی پڑھائی وہ اپنے لئے تو ہمیشہ نئے مرکز اور نو آبادیات کی فکر میں رہتا ہے لیکن تم میں پھوٹ ڈالے رہنا چاہتا ہے، اس لئے تمہیں ان حدود سے نکل کر آفاقی اور عالمی رول ادا کرنا چاہیئے، مسلمان کو ہر ملک کو اپنا وطن اور ہر زمین کو اپنا گھر سمجھنا چاہئے، اگر تم میں شعور ہے تو تمہیں جہانِ سنگ و خشت سے بلند ہو کر سوچنا ہو گا کہ۔ دین انسان کو مادیات سے اٹھا کر اسے عرفان نفس سکھاتا ہے جو انسان "اللہ" کو پالیتا ہے وہ پوری دنیا میں بھی نہیں سما سکتا اور کائنات بھی اسے تنگ محسوس ہوتی ہے، گھاس پھوس مٹی ہی میں فنا ہو جاتے ہیں لیکن عظمت انسانیت کا یہ انجام نہیں، آدم خاکی ہے، لیکن اس کی روح افلاکی ہے، انسان کا ظاہر زمین کی طرف مائل ہے، لیکن اس کا اندرون کسی اور ہی عالم کا قائل ہے، روح مادی پابندیوں سے گھبراتی ہے، اور حدود و قیود سے نا آشنا ہی رہتی ہے، جب اسے وطنیت کی مٹی میں بند کرنے کی کوشش کی جاتی ہے تو اس کا دم گھٹنے اور اس کی سانس رکنے لگتی ہے۔۔ شاہین و شہباز پنجروں میں کیا آشیانوں میں بھی کبھی رہنا گوارا نہیں کرتے۔

یہ مشتِ خاک جسے ہم وطن کہتے ہیں مصر و شام و عراق و یمن کا نام دیتے ہیں، ان کے درمیان یقیناً رشتہ ہے لیکن اس کے معنی یہ نہیں کہ وہ یہیں تک بند ہو کر رہ جائیں اور آنکھیں کھول کر دنیا کو نہ دیکھیں، سورج، مشرق سے نکلتا ہے، لیکن وہ شرق و غرب دونوں کو منور اور مسخر کر کے رہتا ہے، اس کی فطرت حدود سے بے نیاز ہے، اگرچہ اس کا طلوع و غروب حدود کے اندر ہی ہوتا ہے۔

چیست دیں برخاستن از روئے خاک
تاز خود آگاہ گردد جانِ پاک

می نگنجد آنکہ گفت اللہ ہو

در حدودِ ایں نظام چار سو

گفت تن در شو بخاک رہ گزر

گفت جاں پہنائے عالم رانگر

جاں نگنجد در حیات اے ہوشمند

مرد حر بیگانہ از ہر قید و بند

گرچہ از مشرق بر آید آفتاب

با تجلی ہائے شوخ و بے حجاب

فطرتش از مشرق و مغرب بری است

گرچہ او از روئے نسبت خاوری است

(ترجمہ: دین کیا ہے؟ خاک سے بلند ہونے کا نام ہے تاکہ تیری جان یا روح خود آگاہ ہو جائے۔

جس نے "اللہ ہو" کہا وہ اس نظامِ چار سو (زماں و مکاں) کے حدود میں سمانہ نہیں سکتا۔

تن کہتا ہے کہ راستہ کی خاک میں مل جا۔ جان کہتی ہے کہ عالم کی وسعتوں پر نظر رکھ۔

اے ہوش والے! جان، حیات میں وزماں و مکاں کے حدود میں نہیں سماتی۔ مردِ آزاد ہر قید و بند سے

آزاد ہوتا ہے۔

سورج اپنی شوخ اور بے حجاب تجلیوں کے ساتھ مشرق سے طلوع ہوتا ہے،

(لیکن) اس کی فطرت مشرق اور مغرب سے بری ہے اگرچہ کہ اس کی نسبت مشرق سے ہے۔)

افغانی نے مزید فرمایا کہ اشتراکیت اس یہودی کی دماغی اپج ہے جس نے حق و باطل کو خلط ملط کر دیا ہے جس کا دماغ کافر لیکن دل مومن تھا، یہ مغرب کا المیہ ہے کہ اس نے روحانی قدریں اور غیبی حقائق کو کھو کر انھیں معدہ اور مادہ میں تلاش کرنا چاہا حالاں کہ روح کی قوت و حیات کا تعلق جسم سے نہیں۔ لیکن شیوعیت بطن و معدہ اور تن و شکم سے آگے بڑھتی ہی نہیں مارکس (KARLMARX) کا یہ مذہب مساواتِ شکم پر قائم ہے، حالاں کہ انسانی اخوت جسمانی مساوات پر نہیں بلکہ ہمدردی و مواسات اور محبت و مروت پر تعمیر ہوتی ہے:

غربیاں گم کردہ اند افلاک را
در شکم جویند جانِ پاک را!!
رنگ و بو از تن نگیر و جانِ پاک
جز بہ تن کارے ندارد اشتراک
دینِ آں پیغمبر حق ناشناس
بر مساواتِ شکم دارد اساس
تا اخوت را مقام اندر دل است
بیخ او در دل نہ در آب و گل است

(ترجمہ:

اہلِ مغرب نے فلاک کو فراموش کر دیا۔ جانِ پاک کو وہ شکم میں تلاش کرتے ہیں۔

جان میں جو رنگ و بو ہے وہ تن پر موقوف نہیں ہے۔ لیکن اشتراکیت کا مدار صرف تن پر ہے۔

اس حق ناشناس پیغمبر (یعنی کارل مارکس) کے دین کی اساس شکم پر ہے۔

چوں کہ اخوت کا مقام دل میں ہے، اس لئے اس کی جڑ دل میں ہے نہ کہ آب و گل میں۔)

افغانی نے ملوکیت کے بارے میں فرمایا ملوکیت کا جسم و ظاہر بہت خوشنما ہے لیکن اس کا دل تاریک اور روح نحیف و نزاد اور اس کا ضمیر بالکل مردہ ہے، وہ شہد کی مکھی کی طرح ہر پھول پر بیٹھتی ہے، اور اس کا رس چوس لیتی ہے، اس سے پھولوں کے رنگ میں فرق نہیں آتا لیکن ان کی زندگی ختم ہو جاتی ہے، اور وہ کاغذی پھول بن کر رہ جاتے ہیں، ملوکیت بھی اسی طرح افراد و اقوام کو اپنا شکار بناتی اور ان کا خون چوس کر ہڈی چمڑا چھوڑ دیتی ہے۔۔۔۔۔ ملوکیت اور اشتراکیت کے لئے حرص و ہوس، خدا بیزاری اور مردم آزادی، قدر مشترک اور (Common Factor) کی حیثیت رکھتی ہیں، زندگی اگر اشتراکیت میں "خروج" ہے، تو ملوکیت میں "خراج" اور انسان ان چکی کے دو پاٹوں کے درمیان پارۂ زجاج! اشتراکیت علم و فن اور مذہب کی قاتل ہے، تو ملوکیت عوام کی دشمن، مادیت دونوں کا مشترکہ مذہب ہے، دونوں کا ظاہر معصوم لیکن باطن مجرم ہے۔

ہر دو را جاں ناسبور و ناشکیب
ہر دو یزداں ناشناس، آدم فریب
زندگی ایں را خروج آں را خراج
درمیان ایں دو سنگ، آدم زجاج
ایں بہ علم و دین و فن آرد شکست

آں برد جاں راز تن، ناں راز وست
غرق دیدم ہر دورادرب آب و گل
ہر دوراتن روشن و تاریک دل
زندگانی سوختن باساختن
درگلے تخم دلے اندراختن!

(ترجمہ:
(ملوکیت اور اشتراکیت) دونوں میں روح بے چین اور غیر مطمئن ہے
دونوں خدا ناشناس اور انسانوں کو فریب دینے والے ہیں
زندگی اشتراکیت کے لئے خروج یعنی بغاوت ہے اور ملوکیت کے لئے خراج (یعنی استحصال) ہے ان دو پتھروں کے درمیان انسان شیشہ ہے۔
ایک علم و دین و فن کو شکست دیتی ہے اور دوسرے اس کے ہاتھ سے روٹی چھین لیتی ہے۔
دونوں آب و گل میں غرق ہیں۔ دونوں کا تن تو روشن ہے لیکن جان تاریک ہے۔
زندگی تپ کر سنورنے اور خاکتن میں بیج بونے کا نام ہے۔)

افغانی کہتے ہیں کہ قرآن کی تعلیمات دوسری ہیں اور مسلمانوں کا عمل دوسرا ہے ان کی زندگی کا شرارہ بجھ چکا اور ان کا حضورؐ سے تعلق ختم ہو چکا ہے، آج مسلمان اپنی زندگی اور معاشرے کی اساس قرآنی ہدایات پر نہیں رکھتا، اس کے نتیجے میں وہ دین و دنیا میں پسماندہ رہ گیا ہے، اس نے قیصر و کسریٰ کا نظام استبداد توڑ دیا لیکن خود ملوکیت کا علمبردار بن گیا اور عجمی سیاسیات کو اپنا لیا اور زندگی کا نقطہ نظر ہی بدل ڈالا:

دردِل اُد آتشِ سوزندہ نیست

مصطفیٰؐ در سینۂ اور تدہ نیست

بندۂ مومن ز قرآں بر نخورد

در ایاغِ اونہ مئے دیدم نہ دُرد!

خود طلسم قیصر و کسریٰ شکست

خود سرِ تخت ملوکیت نشست

(ترجمہ:

اس کے دل میں آتش سوزاں نہیں ہے اور مصطفی (ﷺ) کا پیام سینہ میں زندہ نہیں ہے۔

بندۂ مومن نے قرآن سے کچھ نہیں سیکھا۔ اس کے پیالے مین نہ مئے ہے نہ تلچھٹ۔

اس نے قیصر و کسریٰ کا جادو توڑا، لیکن خود ہی ملوکیت (تخت و تاج) میں گرفتار ہو گیا۔)

افغانی ملت روسیہ کو پیغام دیتے ہوئے کہتے ہیں کہ تم نے بھی مسلمانوں کی طرح قیصر و کسریٰ کا نظام ختم کیا ہے تمہیں مسلمانوں سے عبرت لینا چاہئے، اور زندگی کے معرکے میں عزم و ثبات سے قائم رہنا، اور ملوکیت و وطنیت ے اصنام کو شکستہ کرنے کے بعد انھیں اب بھولے سے بھی یاد نہیں کرنا چاہئے، آج دنیا کو اس امت کی ضرورت ہے جو وعد و وعید، رحمت و شدت نرمی و گرمی دونوں رکھتی ہو، تم مشرق سے روحانیت و مذہبیت لو کیونکہ مغربی مذہب پرستی کھوکھلی ہو چکی ہے، اب ان گڑے مردوں کو ہرگز مت اکھیڑ نا تم نے خدایانِ باطل کا انکار کر کے مرحلۂ نفی طے کر لیا ہے، اب "الا اللہ" کی اثباتی مہم بھی تمہیں سرانجام دینا چاہئے اس طرح تمہارا کارنامہ مکمل اور سفر تمام ہو سکے

گا، تمہیں عالمی نظام کی فکر ہے تو اس کے لئے پہلے محکم اساس تلاش کرو اور وہ اساس دین عقیدہ کے سوا اور کچھ نہیں۔

تم نے خرافاتِ عالم کی سطر سطر مٹا دی ہے، اس لئے تمہیں اب قرآن کا حرف حرف پڑھنا چاہئے، تمہیں معلوم ہو گا کہ قرآن ملوکیت و آمریت کا جانی دشمن اور سرمایہ داری کی موت ہے، اور غلاموں، مزدوروں اور مجبوروں کے لئے زندگی، وہ ضرورت سے زائد سرمایہ غریبوں پر خرچ کرنے کی تاکید کرتا ہے، وہ سود کو حرام اور تجارت کو حلال کرتا اور قرض حسنہ اور صدقۂ جاریہ پر لوگوں کو ابھارتا ہے یا دنیا کے فتنوں اور بے رحمیوں کا سرچشمہ سود نہیں؟ قرآن کہتا ہے کہ زمین سے نفع حاصل کیا جاسکتا ہے لیکن ملکیت خدا کی ہے، اس لئے وہ امین اور وارث ہے، مالک مطلق نہیں بادشاہوں نے حق کا علم سرنگوں کر دیا اور خدا کی دنیا ان سے پامال ہو گئی ہے، قرآن حق و صداقت کی آواز بلند کرتا اور کہتا ہے کہ ابن آدم کے لئے زمین ایک وسیع دستر خوان ہے، اور کل نوع انسانی ایک خاندان اسی لئے جب قرآنی حکومت قائم ہوئی تو غلو پسند راہب اور سنیاسی چھپ گئے اور پاپائیت اور کلیسا کا طلسم ٹوٹ گیا، قرآن صرف ایک کتاب ہی نہیں بلکہ اس کے علاوہ بہت کچھ ہے، وہ انسان کو بدل دیتا ہے اور پھر کائنات کو بدل دیتا ہے، یہ وہ زندہ کتاب ہدایت و سعادت ہے، جو قلب کائنات کی دھڑکن اور مشرق و مغرب کا ضامن ہے، ا س سے مشرق و مغرب دونوں ہی کی تقدیر بندھی ہوئی اور انسانیت کا مستقبل وابستہ ہے۔

تم نے نیا قانون و آئین بنایا ہے، اس لئے تمہیں چاہئے کہ دنیا پر ذرا قرآن کی روشنی میں بھی ایک نظر ڈال کر دیکھو کہ زندگی کی حقیقت سمجھ سکو:

با سیہ فاماں ید بیضا کہ داد؟

مژدۂ لا قیصر و کسریٰ کہ داد؟

جز بقرآں ضیغمی روباہی ست

فقرِ قرآں اصل شاہنشاہی است

فقر قرآں اختلاطِ ذکر و فکر

فکر را کامل ندیدم جز بہ ذکر

چیست قرآن خواجہ را پیغام مرگ

دستگیر بندۂ بے ساز و برگ

رزق خود را از زمیں بردن رواست

ایں متاع بندۂ و ملکِ خداست

نقش قرآں تا دریں عالم نشست

نقشہائے کاہن و پاپا شکست

فاش گویم آنچہ در دل مضمر است

ایں کتابے نیست چیزے دیگر است

چوں بجاں در رفت جاں دیگر شود

جاں چوں دیگر شد جہاں دیگر شود

مثل حق پنہاں و ہم پیداست ایں

زندہ پایندہ و گویاست ایں

اندرو تقدیر ہائے غرب و شرق

سرعت اندیشہ پیدا کن چوں برق

با مسلماں گفت جاں بر کف بنہ

ہر چہ از حاجت فزوں داری بدہ!

آفریدی شرع و آئینے دگر!

اندکے بانورِ قرآنش نگر!

از بم وزیر حیات آگہ شوی

ہم ز تقدیر حیات آگہ شوی

(جاوید نامہ)

(ترجمہ:

کس نے سیاہ فاموں کو ید بیضا بخشا تھا (اور) قیصر و کسریٰ سے نجات کی خوش خبری کس نے سنائی؟

قرآن کے بغیر شیر (قوت) روبہی (مکاری) ہے۔ قرآن کا فقر شاہی کی بنیاد ہے۔

قرآن کا فقہ ذکر اور فکر کا اختلاط ہے ذکر کے بغیر فکر کامل نہیں ہوتی۔

قرآن، آقاؤں کے لئے موت کا پیغام ہے اور بے سر و سامان لوگوں کے لئے دستگیر (مددگار) ہے۔

اپنے رزق کو زمین سے حاصل کرنا روا ہے، یہ زمین بندوں کی متاع اور اس کا مالک خدا ہے۔

جب قرآن کا نقش اس دنیا پر ثبت ہوا تو پوپ (مذہبی اجارہ داری) اور کاہن کے نقوش مٹ گئے۔

جو کچھ میرے دل میں پوشیدہ ہے میں صاف صاف بیان کر رہا ہوں (یہ قرآن) صرف ایک کتاب نہیں بلکہ کچھ اور ہی چیز ہے۔

جب یہ جان میں اتر جاتا ہے تو جان کچھ اور ہو جاتی ہے۔ جب جان بدل جاتی ہے تو جہاں بدل جاتا ہے۔

یہ حق کی طرح پنہاں بھی ہے اور ظاہر بھی، گویا یہ ہمیشہ زندہ و پائندہ ہے۔

اسی کے اندر مشرق و مغرب کی تقدیریں ہیں۔ (انہیں سمجھنے کے لئے) بجلی کی طرح تیز فکر پیدا کر۔

اس نے مسلمان سے کہا جان ہتھیلی پر رکھ لو اور جو تمھاری ضرورت سے زیادہ ہو دوسروں کو دے دو۔

تم نے ایک نئی شرع و آئین کو پیدا کیا، اب تم کو چاہئے کہ انھیں ذرا نورِ قرآن کی روشنی میں دیکھو۔

(تاکہ) تم زندگی زیر و بم (انقلابات) کو سمجھ سکو اور تقدیر حیات کا راز تم پر عیاں ہو۔)

(ماخوذ از "نقوشِ اقبال" دوسرا ایڈیشن۔ مطبوعہ مجلس تحقیقات و نشریاتِ اسلام، لکھنو۔ ۱۹۷۲ء)

***

اقبال اور سید جمال الدین افغانی

ڈاکٹر غلام حسین ذوالفقار

(۱)

زمانے کے اتفاقات بھی عجیب ہوتے ہیں۔ کہاں کی خاک، کہاں کا خمیر! کہاں استنبول، کہاں لاہور اور پھر کہاں کابل! لیکن یہ فاصلے کبھی آنِ واحد میں دور بھی ہو جاتے ہیں اور دل ایک ساتھ دھڑکنے لگتے ہیں۔

دسمبر ۱۹۴۴ء کے آخری ایام کی ایک شام تھی۔ لاہور کی بادشاہی مسجد کی سیڑھیوں کے پاس عصر حاضر کی دو جلیل القدر ہستیوں کا موت کے بعد ملاپ ہوا، اور یہ منظر لاہور اور بیرونجات کے ہزاروں فرزندانِ توحید نے وفورِ شوق کے عالم میں دیکھا۔ بہت سے لوگوں پر رقت طاری ہوئی۔ جوشِ جذبات سے اکثر آنکھیں پرنم ہو گئیں۔ دیر تک یہ سماں رہا اور پھر ایک ہستی کا جسدِ خاکی جو استنبول سے لایا گیا تھا، پشاور کے راستے کابل روانہ ہو گیا۔ دوسری ہستی اپنے مرقد میں، اہلِ عزم و ہمت کی زیارت کا مرکز بنی، محوِ آرام رہی۔ یہ دو ہستیاں تھیں سید جمال الدین افغانیؒ اور علامہ شیخ محمد اقبالؒ کی اور تفصیل اس اجمال کی یہ ہے کہ افغانیؒ کی رحلت کے تقریباً اڑتالیس سال بعد ترکی اور افغانستان نے جذبۂ خیر سگالی کے تحت ان کا جسدِ خاکی استنبول سے کابل لا کر دفن کرنے کا فیصلہ کیا۔ ایک اعلیٰ افغان وفد افغانی کے جسدِ خاکی کو تابوت میں رکھ کر بحری جہاز سے

بمبئی پہنچا اور وہاں سے بذریعہ ٹرین براستہ دہلی لاہور اور پشاور کے راستے کابل پہنچا۔ لاہور میں افغانی کا تابوت یک شب و روز رہا۔ برکت علی اسلامیہ ہال (بیرون موچی دروازہ) میں رات بھر زائرین آتے، قرآن مجید کی تلاوت کرتے اور افغانی کی روح کو ایصال ثواب پہنچاتے رہے۔ پنجاب کے دوسرے شہروں سے بھی ہزاروں مسلمان زیارت کے لئے لاہور آئے اگلے روز بعد نماز ظہر لاکھوں انسانوں کے جلوس کے ساتھ افغانی کا تابوت شہر سے گزر کر بادشاہی مسجد میں لے جایا گیا۔ وہاں دعائے مغفرت پڑھی گئی اور اس کے بعد تابوت کو مسجد سے باہر لا کر تھوڑی دیر کے لئے علامہ اقبال کے مرقد کے پہلو رکھ دیا گیا۔

یہ منظر جو ناقابل فراموش یادوں سے معمور ہے راقم نے اپنی آنکھوں سے دیکھا، اور آج تک قلب اس روح پرور نظارے کے سرور سے لذت یاب ہے۔

(۲)

سید جمال الدین افغانی نے ۹ مارچ ۱۸۹۷ء کو استنبول میں رحلت فرمائی اور نشان تاش کے قبرستان میں انھیں دفن کیا گیا۔ اقبال عین اسی زمانے میں گورنمنٹ کالج لاہور سے بی۔ اے کرتے ہیں ایک بطل عظیم اپنی جدوجہد کو حیات فانی کی منتہا تک پہنچا کر رخصت ہوتا ہے، دوسرا بطل جلیل اپنی زندگی کے جدوجہد کا آغاز کرتا ہے۔ یہ کہنا مشکل ہے کہ اس ابتدائی مرحلے میں اقبال نے افغانی کے کوئی اثرات قبول کئے یا نہیں؟ اقبال، سید جمال الدین افغانی کی شخصیت اور ان کی دینی، سیاسی، فکری تحریک سے بہت زیادہ متاثر ہوئے، لیکن ان اثرات کا آغاز کب ہوا؟ اس امر کا فیصلہ آسانی سے نہیں کیا جا سکتا۔ یہ مسئلہ ذرا غور طلب ہے۔ زیر نظر مضمون میں افغانی سے اقبال کے ذہنی رابطے، فکری ہم آہنگی اور دینی و سیاسی سررشتوں کے آغاز و ارتقا کو متعین کرنے کی کوشش کی گئی ہے۔ افغانی کے احوال و آثار یا حیات اقبال کی تفصیلات پیش کرنا مد نظر نہیں۔ یہ امور ضمنی طور

پر حسب موقع آسکتے ہیں۔

(۳)

ابتدائی اثرات کا سراغ لگانے کے لئے یہ جاننا ضروری ہو گا کہ انیسویں صدی کا ہندوستان کس حد تک افغانی کی شخصیت سے متعارف اور ان کی تحریک سے متاثر تھا، نیز اقبال کے ابتدائی دور کے خیالات کس حد تک اس تحریک سے ہم آہنگ تھے۔

قاضی عبدالغفار نے افغانی کے اسفار ہند کی تعداد پانچ بتائی ہے۔ (۱) پہلی بار ۱۸۵۶۔ ۱۸۵۷ء میں جب وہ یہاں ایک سال قیام کر کے حج کے لئے روانہ ہوئے۔ دوسری بار ۱۸۶۱ء میں جب حج اور بلاد اسلامی کی سیاحت کے بعد وہ براستہ ہند کابل واپس پہنچے۔ تیسری بار ۱۸۶۴ء یا ۱۸۶۵ء میں جب امیر دوست محمد کی وفات کے بعد امیر شیر علی اور شہزادہ محمد اعظم کے درمیان خانہ جنگی جاری تھی، افغانی اس آویزش کے دوران ہندوستان آگئے اور چند ماہ پنجاب میں رہے (جس کی تفصیلات دستیاب نہیں)۔ چوتھی بار ۱۸۶۹ء میں جب انہوں نے امیر شیر علی کے برسر اقتدار آنے کے بعد افغانستان کو ہمیشہ کے لئے خیر باد کہا اور حج کے ارادے سے روانہ ہو کر تقریباً دو ماہ ہندوستان میں رہے اور پھر حج کے بعد ترکی اور مصر چلے گئے۔ پانچویں دفعہ افغانی ہندوستان اس وقت آئے جب مصر میں طویل اقامت (مارچ ۱۸۷۱ء تا ستمبر ۱۸۷۹ء) کے بعد انھیں حکومت برطانیہ کے اصرار پر وہاں سے نکال دیا گیا اور وہ ہندوستان چلے آئے یہاں دو سال ان کا قیام ریاست حیدرآباد میں حکومت برطانیہ کی کڑی نگرانی میں رہا اور جب ۱۸۸۱ء میں اعرابی پاشا نے خدیو مصر اور فوج میں غیر ملکی افسروں کے خلاف علم بغاوت بلند کیا تو افغانی کو (مصلحت اور احتیاط کے طور پر) حیدرآباد سے کلکتہ منتقل کر دیا گیا۔ جب ۱۸۸۲ء میں برطانوی مداخلت سے اعرابی پاشا کی مسلح جدوجہد کچل دی گئی اور مصر پر برطانیہ کا قبضہ ہو گیا تو

حالات معمول پر آنے کے بعد افغانی کو ہندوستان سے رخصت کی اجازت ملی اور وہ یہاں سے لندن اور وہاں سے پیرس پہنچے۔ اس آخری سفر و قیام کے بعد پھر انھیں زندگی میں کبھی ادھر آنے کا اتفاق نہیں ہوا۔

افغانی کے ان اسفار ہند میں صرف آخری سفر ایسا ہے جس میں ان کا قیام یہاں ڈھائی تین سال رہا اور اس دوران میں بہت محدود طور پر ان کے روابط یہاں کے بعض حلقوں سے قائم ہوئے۔ یہ روابط قاہرہ کی طرح نتیجہ خیز نہیں کہے جاسکتے۔ اس کی وجہ یہ ہے کہ وہ یہاں ایک نظر بند کی حیثیت سے مقیم تھے اور ان کی یہاں مسلسل نگرانی ہوتی تھی۔ پھر ہندوستان برطانیہ کی ایک محکوم نو آبادی تھا اور اگرچہ حیدرآباد کا والیِ ریاست مسلمان تھا لیکن اس کی سیاسی حیثیت برائے نام تھی۔ اصل کارپرداز انگریز ریذیڈنٹ تھا، تاہم افغانی کی حیدرآباد کے بعض امراء اور علمی اداروں تک محدود رسائی تھی جن میں انھوں نے ملکی زبان، ادب اور قومی صحافت کی ترقی پر زور دیا۔ اسی قیام کے دوران انھوں نے رد دہریین کے عنوان سے فارسی میں ایک کتاب بھی لکھی۔ مذہب کے بارے میں سر سید احمد خان کے بعض مصلحانہ خیالات پر انھوں نے نکتہ چینی بھی کی (ظاہر ہے کہ سر سید ایک محکوم ملک کے مصلح تھے اور ان کے مذہبی اور سیاسی خیالات پر وقتی مصلحتوں کا سایہ تھا، جب کہ افغانی حریت فکر کے داعی اور آزاد فضاؤں کے پروردہ تھے، اس لیے یہ اختلافات قدرتی امر تھے)۔

پیرس کے زمانہ قیام میں جمال الدین نے اپنے شاگرد محمد عبدہ، کی رفاقت میں ایک عربی ہفتہ وار جریدہ العروۃ الوثقیٰ جاری کیا جو مارچ ۱۸۸۴ء سے اکتوبر ۱۸۸۴ء تک نکلتا رہا اور اسی نام کی ایک خفیہ جماعت کو دنیا میں ارسال کیا جاتا تھا۔ اس جریدے میں بلادِ اسلامیہ میں برطانیہ کی استعماری حکمت عملی پر شدید نکتہ چینی کی جاتی تھی اور ان عقائد

اور اصولوں پر زور دیا جاتا تھا جن پر عمل پیرا ہو کر مسلمان دوبارہ اپنی کھوئی ہوئی قوت و شوکت حاصل کر سکتے تھے۔ حکومت برطانیہ نے مصر اور ہندوستان میں عروۃ الوثقی کا داخلہ بند کر دیا اور جن لوگوں کے پاس یہ اخبار خفیہ طور پر جاتا تھا ان پر سختی و نگرانی شروع کر دی۔ ہندوستان میں چند ریاستوں کے بعض امرا اور شہروں کے چند علماء تک یہ اخبار آتا تھا، اور اس پابندی اور سختی کے بعد یہ سلسلہ بھی منقطع ہو گیا۔ ہندوستان کے مخصوص حالات میں افغانی کے یہ تاثرات بہت محدود حلقوں تک رہے جب کہ مصر، ترکی، ایران اور دوسرے بلاد اسلامی میں یہ تاثرات بڑے گہرے اور ہمہ گیر تھے۔ اس کی وجوہ یہ ہیں۔

۱۸۵۷ء کی جنگ آزادی میں ناکامی کے بعد ہندوستان کے مسلمان جس احساس شکست میں مبتلا ہو کر سر سید احمد خاں کی رہنمائی میں انگریزوں سے مفاہمت کی نئی راہیں تلاش کر رہے تھے اور سر سید کی زیر ہدایت ملکی سیاست سے بالکل کنارا کش ہو چکے تھے، اس میں افغانی جیسے آزاد سیاسی رہنما اور دینی مفکر کے خیالات کی پذیرائی مشکل تھی اور پھر محکومی کی حالت میں ابلاغ کے ذرائع بھی مسدود تھے۔ اس صورت میں چند خاص لوگ یا حلقے ان سے متاثر ہوئے ہوں گے تو ان کا دائرہ از حد محدود تھا جس کا علم عام حلقوں کی دسترس سے باہر تھا۔ چنانچہ ایک عرصے تک افغانی، یہاں کے عام حلقے تو ایک طرف رہے، خاص حلقوں اور نامور ادیبوں اور عالموں کے لئے بھی اجنبی تھے۔ شبلی نے ۱۸۹۳ء میں ترکی، شام اور مصر کا سفر کیا اور واپسی پر سفر نامہ بھی لکھا لیکن افغانی یا ان کی تحریک کا کوئی اثر اس سفر نامے میں نہیں جھلکتا حالانکہ افغانی ان دنوں استنبول میں تھے اور ان سے ملاقات پر کوئی پابندی بھی نہ تھی۔ شیخ عبد القادر نے افغانی کی رحلت کے چند سال بعد اگست، ستمبر ۱۹۰۶ء میں استنبول کی سیاحت کی لیکن مقام خلافت میں ایسا کوئی تاثر

بھی نہیں ملتا کہ اتحاد اسلام کے اس عظیم مفکر کے بارے میں انھوں نے کچھ سنا (حالاں کہ ان کے ہم سفر مشیر حسین قدوائی لندن کی پان اسلامک سوسائٹی کے سرگرم رکن تھے۔) یہ عدم واقفیت بظاہر عجیب معلوم ہوتی ہے لیکن ایک محکوم ملک کے باشندوں کی بعض مجبوریوں کے پیش نظر خلافِ واقعہ نہیں کہی جاسکتی۔

۹ مارچ ۱۸۹۷ء کو جمال الدین افغانی نے رحلت فرمائی تو اگرچہ عالم اسلامی کا یہ ایک بڑا حادثہ تھا لیکن اس کا اثر ہندوستان پر برائے نام ہوا ہوگا۔ ایک تو افغانی کا انتقال نظر بندی کی حالت میں ہوا۔ معلوم نہیں مغربی ذرائع سے یہ خبر یہاں پہنچی بھی یا نہیں۔ اگر پہنچی تو اس پر کوئی تبصرہ یا تاثر بھی تھا یا نہیں۔ حقیقت میں انیسویں صدی میں ہندوستان میں رابطۂ عالم اسلامی کی کوئی معقول صورت موجود نہیں تھی۔ حج ایک رسمی عبادت بن کر رہ گیا تھا۔ اسلامی ممالک کے بارے میں جو اخباری اطلاعات یہاں پہنچتی تھیں مغربی ذرائع سے آتی تھیں (اور یہ سلسلہ تو موجود صدی تک برقرار ہے)۔ ان اطلاعات میں سلطان روم اور ترکوں، ایرانیوں وغیرہ کے بارے میں کبھی ہمدردانہ رویے کا اظہار ہوتا بھی تھا تو برطانیہ کی مصلحتوں کے تابع ہوتا تھا۔ مثلاً جنگ کریمیا اور روس و روم کی لڑائیوں میں انگریز سلطان روم کے حلیف تھے اور اس بنا پر ہندوستان کی "وفادار مسلمان رعایا" کی ہمدردیاں حاصل کی جاسکتی تھیں۔ چنانچہ ایسے موقعوں پر ترکوں کی کامیابیوں یا ناکامیوں کی خبریں بھی یہاں آجاتی تھیں اور سرکاری سرپرستی میں چندے بھی جمع کرکے ارسال کردیئے جاتے تھے۔ البتہ عالم اسلام میں ابھرنے والی تحریکوں سے اس دور کے ہندی مسلمان کو ذرائع ابلاغ کی حد تک منقطع کردیا گیا تھا اور وہ اپنے احوال و ظروف میں محدود ہوکر رہ گیا تھا۔

اس صورت حال میں اقبال کا زمانہ طالب علمی یا اورئینٹل کالج اور گورنمنٹ کالج

کے دور معلمی میں افغانی اور انکی تحریک سے بے خبر رہنا تعجب انگیز بات نہیں ہے۔ ۱۹۰۵ء تک اقبال کی شاعری میں بھی اس کا کوئی اثر نہیں ملتا۔ سیاسی محکومی کا احساس، حب الوطنی کا تصور اور متحدہ قومیت کا نظریہ اس زمانے میں اقبال کی نظر و نثر کے اہم موضوعات ہیں اور یہ مقامی سیاست کا نتیجہ کہے جاسکتے ہیں جس پر مغربی افکار کا اثر ہوا۔

(۴)

اقبال کے ذہن و فکر میں ایک تبدیلی کا آغاز یورپ کے دوران (اواخر ۱۹۰۵ء تا ۱۹۰۸ء) ہوا۔ اس تبدیلی کی تین جہتیں قابل ذکر ہیں:

۱۔ کیمبرج میں اپنے مقالے ایران میں مابعد الطبیعیات کی تحقیق کے دوران تصوف پر غیر اسلامی اثرات کے کچھ ایسے پہلوان کے سامنے آئے جو ان کے پہلے تصور "وحدت الوجود" کو متزلزل کرنے کے باعث ہوئے۔ تذبذب کا اظہار اس خط میں بھی جھلکتا ہے جو انھوں نے ۱۸ اکتوبر ۱۹۰۵ء کو کیمبرج سے خواجہ حسن نظامی کو لکھا اور ان کے توسط سے قاری شاہ سلیمان پھلواری سے اس امر میں بعض استفسارات کیئے (اقبالنامہ، جلد ۲، صفحہ ۳۵۴)۔ آگے چل کر وہ اس نتیجے پر پہنچے کہ نفی خودی کا رجحان تصوف میں غیر اسلامی اثرات کا نتیجہ ہے، جس نے شعر و ادب کے راستے داخل ہو کر ملت اسلامیہ کے زوال میں حصہ لیا۔

۲۔ مغرب کے مادی فلسفوں اور علم الحیات کے نئے نظریوں نے الحاد کی جن راہوں کو کشادہ کیا، اور پھر کلیسائی نظام سیادت کے زوال اور اس کے نتیجے میں وطنی قومیت (Territorial Nationalism) کا جو تصور وہاں ابھرا، وہ نوع انسانی کی بربادی کا پیش خیمہ تھا۔ اقبال یورپ آنے سے پہلے مغرب کے اس تصور وطنیت سے متاثر تھے، اب وہ اس کے سخت خلاف ہوگئے۔

۳۔ مغربی استعمار کے پھیلاؤ کا ردعمل بعض اسلامی ممالک میں احیائی تحریکوں کی صورت میں ظاہر ہو رہا تھا، خصوصاً عرب میں وہابی، افریقہ میں سنوسی تحریک احیائے دین کے جذبے سے سرشار تھیں۔ الجزائر میں امیر عبدالقادر، مصر میں اعرابی پاشا اور سوڈان میں مہدی سوڈانی انیسویں صدی میں جہاد حریت کے نمائندے تھے۔ جہاد اور قربانی و سرفروشی کی یہ روایت خوش آئند مستقبل کی نشاندہی کر رہی تھی، اتحاد عالم اسلامی کا تخیل بھی ابھر رہا تھا اور اس کی علامت استنبول میں عثمانی خلافت کی صورت میں موجود تھی۔ اقبال کا ذہن ان تینوں جہتوں سے متاثر ہو رہا تھا۔ خصوصاً ان کا شاعرانہ تخیل آخری جہت 'عالم حرب میں روح اسلام کی بیداری' سے بہت متاثر تھا۔ مارچ ۱۹۰۷ء کی غزل کا یہ شعر:

نکل کے صحرا سے جس نے روما کی سلطنت کو الٹ دیا تھا
سنا ہے یہ قدسیوں سے میں نے وہ شیر پھر ہوشیار ہو گا

قابل ذکر ہے۔ شیر کا استعارہ دراصل عرب کی اس ٹھیٹھ دینی روح سے ہے، جو ساتویں صدی میں اعلائے کلمۃ الحق کی خاطر، صحرا سے نکل کر اپنے زمانے کی عظیم طاغوتی طاقتوں سے ٹکرا گئی تھی اور اس نے حق کا بول بالا کر دیا تھا۔

لیکن یہ کہنا مشکل ہے کہ انیسویں صدی کی ان احیائی تحریکوں کی روحِ رواں اور اتحاد اسلامی کے مفکر سید جمال الدین افغانی (جن کا انتقال چند سال پہلے استنبول میں ہوا تھا) کی شخصیت سے بھی اقبال اس زمانے میں آگاہ و متاثر ہوئے یا نہیں ہوئے؟ متذکرہ بالا تاریخی کردار تو عام منظر پر تھے۔ اتحاد اسلامی کی تحریک کے سلسلے میں عبدالحمید ثانی (جنہیں ۱۹۰۹ء میں معزول کیا گیا) کی شخصیت بھی اجاگر تھی، لیکن ان تحریکات کے پیچھے فکری دعوت ذہنی تربیت اور سیاسی تنظیم کا جو کارنامہ خاص انیسویں صدی کے آخری

ربع میں افغانی نے انجام دیا، اس سے علم و آگاہی ان کے شاگردوں اور دوسرے جاننے والوں کے حلقوں سے نکل کر عام حلقوں تک کب پہنچی؟ کیوں کہ افغانی انیسویں صدی کے ایک عظیم دینی مفکر اور سیاسی رہنما ہوتے ہوئے بھی شہرت عام کے اعتبار سے ابھی پس منظر میں تھے (یعنی ان کی شخصیت اور کارناموں پر کوئی قابل ذکر تصنیف نہیں لکھی گئی تھی)۔ اقبال کار فرما تحریکوں سے تو آگاہ تھے اور اپنی علمی مصروفیات کے دائرے میں رہتے ہوئے وہ ان میں دلچسپی بھی لیتے رہے۔ لندن کی پان اسلامک سوسائٹی (جس کے کار پرداز، عبداللہ مامون سہروردی اور مشیر حسین قدوائی تھے) سے بھی ان کا رابطہ تھا ۱۹۰۸ء میں اقبال نے لندن یونیورسٹی میں پروفیسر ٹامس آرنلڈ کی جگہ قائم مقام معلم عربی کے فرائض انجام دینے کے علاوہ اسلامی تہذیب و تمدن پر لیکچروں کا ایک سلسلہ بھی شروع کیا۔ اسلام اور خلافت کے مسئلے پر ایک علمی مضمون بھی لکھا جو سوشیالوجیکل ریویو لندن میں چھپا۔ اس طرح وطن آنے سے پہلے اقبال احیاء اسلامی کی تحریک سے وابستگی کا عملی ثبوت بھی پیش کر دیتے ہیں، لیکن سید جمال الدین افغانی کی شخصیت سے بلاواسطہ یا بالواسطہ وابستگی کا کوئی ثبوت یا قرینہ اس زمانے میں نہیں ملتا۔

(۵)

یورپ سے واپسی کے بعد اقبال مذکورہ بالا جہتوں کی پیش رفت میں خاصے سرگرم ہو جاتے ہیں۔ ایران اور ترکی میں رونما ہونے والے واقعات (خصوصاً طرابلس اور بلقان کی جنگوں) سے ہندوستانی مسلمانوں میں خاصا ہیجان پیدا ہوا اور اتحاد اسلامی کا جذبہ بڑی شدت سے ابھرا۔ اسلام کے سیاسی و عمرانی پہلوؤں پر مضمون نگاری (ہندوستانی ریویو) کے علاوہ شاعری میں بھی اقبال نے ان احساسات کی ترجمانی کی۔ اسی زمانے میں سید جمال

الدین افغانی کے احوال و افکار کا نقش بھی واضح ہو کر سامنے آیا۔ لاہور میں اس زمانے میں ایک ایرانی رہنما سید علی بروی بھی آئے ہوئے تھے جو سید جمال الدین افغانی کے شاگرد تھے۔ اقبال کی بھی ان سے ملاقات تھی، لیکن قابل ذکر وہ لٹریچر ہے جو افغانی کے بارے میں مطبوعہ صورت میں سامنے آکر ان کی شخصیت کا عام تعارف کراتا ہے۔ سید جمال الدین افغانی کے احوال و افکار پر مشتمل مندرجہ ذیل تصنیفات جو اس زمانے میں طبع ہو کر سامنے آئیں قابل ذکر ہیں:

۱. E.G. Browne: The Persian Revolution of ۱۹۰۵-۱۹۰۹ .
(Cambridge.D: ۱۹۰۹).

۲. W.S.Blunt:Gordon at Khartoum, London, ۱۹۱۱.

۳. Ibid:Secrel History of the English Occupation of Egypt, New York. ۱۹۹۲.

۴۔ رشید رضا: تاریخ الاستاذ الامام الشیخ محمد عبدہ، بار اول بیروت، ۱۹۰۱ء

۵۔ محمد المخزومی پاشا: خاطرات جمال الدین بیروت ۱۹۳۱ء

۶. Adams.Charlesc: Islam and Modernism in Egypt.London. ۱۹۹۳.

ان میں پہلی کتاب اور چوتھی کتاب قابل توجہ ہیں۔ براؤن کیمبرج میں اقبال کے استاد بھی تھے۔ ان کی اس تالیف کا ایک پورا باب سید جمال الدین کے احوال و افکار کے بارے میں ہے۔ اس مضمون کا اسی زمانے میں ظفر علی خاں نے اردو ترجمہ کر کے اپنے اخبار کے علاوہ کتابچے کی صورت میں بھی چھاپا۔ اقبال اور ظفر علی خاں کے روابط ان دنوں خاصے تھے۔ (اقبال کے خطبہ علی گڑھ، ۱۹۰۱ء کا ترجمہ بھی ظفر علی خاں نے کیا تھا)

یہ بات یقینی ہے کہ یہ مضمون اور براؤن کی اصل تالیف کا اقبال نے مطالعہ کیا ہو گا۔

رشید رضاء الشیخ مفتی محمد عبدہ (وفات :۱۹۰۵ء) کے شاگرد خاص تھے اور مفتی صاحب سید جمال الدین افغانی کے خاص الخاص شاگرد تھے جو عروۃ الوثقیٰ کی بندش کے بعد پیرس سے مصر آ گئے تھے اور یہاں تعلیمی اور دینی اصلاح میں انھوں نے بقیہ زندگی گزاری۔ رشید رضا نے مفتی محمد عبدہ کی سوانح میں سید جمال الدین افغانی کے حالات و خیالات بھی تفصیل سے دیئے گئے ہیں اور اس تالیف کے ساتھ افغانی اور مفتی کے عروۃ الوثقیٰ کے مقالات اور دستاویزات بھی شامل کی ہیں (اس کے متعدد ایڈیشن چھپ چکے ہیں)۔ اس کتاب کے بارے میں یقین سے نہیں کہا جا سکتا کہ یہ اقبال کی نظر سے گزری تھی یا نہیں اور اگر انھوں نے دیکھی تھی تو کون سا ایڈیشن اور کب؟ لیکن ایک بات قابل ذکر ہے کہ الشیخ رشید رضا (مدیر المناز) مولانا شبلی نعمانی کی دعوت پر ۱۹۱۲ء میں ندوۃ العلماء کے سالانہ اجلاس میں شرکت کے لئے آئے تھے۔ الشیخ رشید رضا کی آمد پر بھی اتحاد عالم اسلامی اور جمال الدین افغانی کے افکار کا چرچا یہاں کے جرائد و اخبار میں ہوا تھا۔ الہلال کے شمارہ ۱۳ جولائی ۱۹۱۲ء میں ان کی شخصیت کا تعارف ذیل کے بلیغ الفاظ میں کرایا گیا۔

"سید جمال الدین افغانی کا اصلی کارنامۂ غیر فانی یہ تھا کہ زمانے نے خود اس کو کام کرنے کی مہلت بہت کم دی، لیکن وہ اپنے اندر ایک ایسی قوتِ تخلیق رکھتا تھا کہ جہاں جاتا تھا اپنی تحریک کو زندہ رکھنے کے لئے نئے 'جمال الدین' پیدا کر لیتا تھا!"

یہ تحریریں بھی اقبال کی نظر سے گزری ہوں گی اور الشیخ رشید رضا کی آمد کے موقع پر ان کی شخصیت اور تحریک (جو دراصل افغانی ہی کے مشن کی پیش رفت تھی) کا چرچا بھی انہوں نے سنا ہو گا؟ کیوں کہ اقبال کے روابط شبلی اور ان کے حلقے سے بھی تھے۔ ۱۹۱۱ء کی

محمڈن ایجوکیشنل کانفرنس (منعقدہ دہلی) کے موقع پر شبلی نے سجاد یلدرم کی تحریک پر اقبال کو پھولوں کے ہار پہنائے اور ان کی توصیف بھی کی۔ جواب میں اقبال نے تقریر کرتے ہوئے "پان اسلام ازم" کے بارے میں اپنے خیالات ظاہر کئے:

"میری نظموں کے متعلق بعض ناخدا ترس لوگوں نے غلط باتیں مشہور کر رکھی ہیں اور مجھ کو پین اسلامزم (۲) کی تحریک پھیلانے والا بتایا جاتا ہے۔ مجھ کو پان اسلامسٹ ہونے کا اقرار ہے اور میرا یہ اعتقاد ہے کہ ہماری قوم ایک شاندار مستقبل رکھتی ہے اور جو مشن اسلام کا اور ہماری قوم کا ہے وہ ضرور پورا ہو کر رہے گا۔ شرک اور باطل پرستی دنیا سے ضرور مٹ کر رہے گی اور اسلامی روح آخر کار غالب آئے گی۔ اس مشن کے متعلق جو جوش اور خیال میرے دل میں ہے اپنی نظموں کے ذریعے قوم تک پہنچانا چاہتا ہوں، اور اس اسپرٹ کے پیدا کرنے کا خواہش مند ہوں جو ہمارے اسلاف میں تھی کہ دولت و امارات کو وہ اس دار فانی کی کوئی حقیقت نہ سمجھتے تھے۔ میں جب کبھی دہلی آتا ہوں تو میرا یہ دستور رہا ہے کہ ہمیشہ حضرت نظام الدینؒ محبوب الٰہی کے مزار پر جایا کرتا ہوں اور وہاں کے دیگر مزارات وغیرہ پر بھی ہمیشہ حاضر ہوا کرتا ہوں۔ میں نے ابھی ایک شاہی قبرستان میں ایک قبر پر الملک لِلّٰہ" کا کتبہ دیکھا۔ اس سے اُس اسلامی جوش کا اظہار ہوتا ہے جو دولت اور حکومت کے زمانے میں مسلمانوں میں تھی۔ جس قوم اور جس مذہب کا یہ اصول ہو، اس کے مستقبل سے ناامیدی نہیں ہو سکتی اور یہی وہ پان اسلام ازم ہے جس کا شائع کرنا ہمارا فرض ہے اور اس کے خیالات کو میں اپنی نظموں میں ظاہر کرتا رہا ہوں۔

"

(مقالات اقبال، ص ۱۴۲، ص ۱۴۴)

اس سے یہ تو واضح ہو جاتا ہے کہ یورپ سے واپس آنے کے بعد اقبال تحریک اتحاد

اسلامی کے تصور سے وابستہ ہو کر اپنی شاعری میں ان جذبات کی ترجمانی کا حق ادا کر رہے تھے۔ وہ سید جمال الدین افغانی کی شخصیت اور ان کے افکار سے بھی خاصی حد تک متعارف ہو چکے تھے۔ لیکن اس کا اعتراف و اظہار ان کی تحریر (نظم و نثر) میں کہیں نظر نہیں آتا۔ حتیٰ کہ پیام مشرق میں جہاں یورپ اور ایشیا کے مسائل و افکار زیر بحث آئے، وہاں ضمناً کہیں افغانی کا حوالہ بھی آ سکتا تھا۔ خصوصاً جنگ عظیم کے اختتام اور جمعیت الاقوام کی تاسیس پر اقبال کا یہ تاثر افغانی کے انداز سے کچھ مختلف نہیں:

برفتد تا روشِ رزم دریں بزمِ کہن
دردمندانِ جہاں طرح نو انداختہ اند
من ازیں بیش نہ دانم کہ کفن دزدے چند
بہر تقسیمِ قبور انجمنے ساختہ اند

اقبال یہاں مشرق و مغرب کے بعض فلاسفروں کے علاوہ مصطفیٰ کمال پاشاہ، قیصر ولیم، لینن وغیرہ کا تو ذکر کرتے ہیں، لیکن افغانی کہیں نظر نہیں آتے، شاید اس لئے کہ افغانی کی شخصیت سے متعارف ہونے اور اتحاد اسلامی کی ہمنوائی کے باوجود، عصر رواں کے سیاسی و دینی افکار کے ہمہ گیر اثرات کو ابھی پوری طرح انہوں نے محسوس نہیں کیا تھا۔ تعجب اس پر ہے کہ مقاصد میں اتنی ہم آہنگی اور قرب کہ "خضر راہ" اور "طلوع اسلام" افغانی کی صدائے بازگشت محسوس ہوتی ہیں لیکن خود شخصیتوں کے صحیح ادراک میں فاصلہ نظر آتا ہے۔

(٦)

اب ہم اس مرحلے میں پہنچ گئے ہیں جہاں نہ صرف جمال الدین افغانی کی شخصیت کا صحیح ادراک ہوا ہے بلکہ اس کا بھرپور اظہار بھی ہوا ہے۔ یہ وہ زمانہ ہے جب اقبال نے

اپنے خطبات "تشکیل جدید الٰہیات اسلامیہ" پر کام شروع کیا۔ اپنا شعری پیغام "اسرار و رموز" میں پیش کرنے کے بعد اقبال دینی و سیاسی مسائل پر توجہ کرتے ہیں اور رفتہ رفتہ عملی سیاسیات کی طرف بھی آنکلتے ہیں۔ ۱۹۲۲ء میں انہوں نے اجتہاد پر ایک مقالہ لکھا جو انجمن حمایت اسلام کے ایک اجلاس میں پڑھا گیا۔ اس پر مخالفانہ رد عمل ہوا۔ بعض قدامت پسند علماء تکفیر تک اتر آئے۔ اس مضمون کی اشاعت تو اقبال نے روک لی لیکن جدید زمانے کے احوال و ظروف میں اسلام کا مطالعہ اور اسلامی افکار کی تعبیر کا مسئلہ ان کی توجہ کا مرکز بن گیا۔ اس امر میں علما (خصوصاً سید سلیمان ندوی) سے بھی ان کی خط و کتابت ہوتی رہی۔ ہمارا قیاس ہے کہ اسی مطالعے کے دوران میں انہوں نے سید جمال الدین افغانی کی شخصیت اور ان کی دینی و سیاسی تحریروں اور مصر، ترکی اور ایران پر ان کے اثرات کا جائزہ بہ نظر غائر لیا۔ اس مطالعے و جائزے کے بعد اقبال افغانی کے تاریخ ساز کردار سے پوری طرح آگاہ ہوتے ہیں اور سب سے پہلے اس کا اقرار و اعتراف بھی خطبات ہی میں کرتے ہیں۔ خطبات کے بعد جاوید نامہ اور اپنی دوسری تحریروں (خطوط و مضامین) میں اپنے احساسات کا اظہار کرتے ہیں۔ جاوید نامہ کا جائزہ ہم بعد میں لیں گے۔ پہلے نثری تحریروں میں افغانی کی شخصیت کے بارے میں اقبال کے تاثرات ملاحظہ فرمائیے۔

تشکیل جدید الٰہیات اسلامیہ کے چوتھے خطبے میں جس کا عنوان ہے "خودی، جبر و قدر، حیات بعد الموت" اقبال دور حاضر کے مسلمانوں کو ماضی سے اپنا رشتہ منقطع کئے بغیر اسلام پر بہ حیثیت ایک نظام فکر از سر نو غور کرنے کی دعوت دیتے ہوئے ایک مقام پر لکھتے ہیں:

"یہ غالباً ولی اللہ دہلوی تھے جنھوں نے سب سے پہلے ایک نئی روح کی بیداری

محسوس کی لیکن اس عظیم الشان فریضے کی حقیقی اہمیت اور وسعت کا پورا پورا اندازہ تھا تو سید جمال الدین افغانی کو، جو اسلام کی حیات ملی اور حیات ذہنی کی تاریخ میں بڑی گہری بصیرت کے ساتھ طرح طرح کے انسانوں اور ان کی عادات وخصائل کا خوب خوب تجربہ رکھتے تھے، ان کا مطمح نظر بڑا وسیع تھا اور اس لئے یہ کوئی مشکل بات نہیں تھی کہ ان کی ذات گرامی ماضی اور مستقبل کے درمیان ایک جیتا جاگتا رشتہ بن جاتی۔ ان کی ان تھک کوششیں اگر صرف اسی امر پر مرکوز رہتیں کہ اسلام نے نوع انسانی کو جس طرح کے عمل اور ایمان کی تلقین کی ہے، اس کی نوعیت کیا ہے، تو آج ہم مسلمان اپنے پاؤں پر کہیں زیادہ مضبوطی کے ساتھ کھڑے ہوتے"۔

(تشکیل جدید النہیات اسلامیہ)

پھر ۷ اپریل ۱۹۳۲ء کو چودھری محمد احسن کے نام خط میں مہدی اور مجدد کے تخیل پر اظہار خیال کرتے ہوئے اقبال لکھتے ہیں:

"زمانہ حال میں میرے نزدیک اگر کوئی شخص مجدد کہلانے کا مستحق ہے تو وہ صرف جمال الدین افغانی ہے۔ مصر وایران وترکی وہند کے مسلمانوں کی تاریخ جب کوئی لکھے گا تو اسے سب سے پہلے عبد الوہاب نجدی اور بعد میں جمال الدین افغانی کا ذکر کرنا ہوگا۔ موخر الذکر ہی اصل میں موسس ہے زمانہ حال کے مسلمانوں کی نشاۃ الثانیہ کا، اگر قوم نے ان کو عام طور پر مجدد نہیں کہا یا انہوں نے خود اس کا دعویٰ نہیں کیا تو اس سے ان کے کام کی اہمیت میں کوئی فرق اہل بصیرت کے نزدیک نہیں آتا۔"

(اقبال نامہ، حصہ دوم)

۱۹۲۵ء میں قادیانی تحریک کے سلسلے میں پنڈت جواہر لال نہرو کے مضمون (ماڈرن ریویو کلکتہ) میں اٹھائے گئے سوالات کے جواب میں اقبال نے ایک طویل مضمون لکھا۔

اس میں مسلمانوں کے زوال و انحطاط اور احیائی تحریکوں کے ضمن میں افغانی کی شخصیت و کردار پر طویل تبصرہ کیا گیا ہے۔

"میں نے اوپر بیان کیا ہے کہ ۱۷۹۹ء میں اسلام کا سیاسی زوال اپنی انتہا کو پہنچ چکا تھا۔ بہر حال اسلام کی اندرونی قوت کا اس واقعہ سے بڑھ کر کیا ثبوت مل سکتا ہے کہ اس نے فوراً ہی محسوس کر لیا کہ دنیا میں اس کا کیا موقف ہے۔ انیسویں صدی میں سر سید احمد خان ہندوستان میں، سید جمال الدین افغانی افغانستان میں اور مفتی عالم جان روس میں پیدا ہوئے۔ یہ حضرات غالباً محمد بن عبد الوہاب سے متاثر ہوئے تھے جن کی ولادت ۱۷۰۰ء میں بمقام نجد ہوئی تھی اور جو اس نام نہاد وہابی تحریک کے بانی تھے جس کو صحیح طور پر جدید اسلام میں زندگی کی پہلی تڑپ سے تعبیر کیا جا سکتا ہے۔ سر سید احمد خاں کا اثر بہ حیثیت مجموعی ہندوستان ہی تک محدود رہا۔۔۔ مولانا سید جمال الدین افغانی کی شخصیت کچھ اور ہی تھی۔ قدرت کے طریقے بھی عجیب و غریب ہوتے ہیں۔ مذہبی فکر و عمل کے لحاظ سے ہمارے زمانے کا سب سے زیادہ ترقی یافتہ مسلمان افغانستان میں ہوتا ہے۔ جمال الدین افغانی دنیائے اسلام کی تمام زبانوں سے واقف تھے۔ ان کی فصاحت و بلاغت میں سحر آفرینی ودیعت تھی۔ ان کی بے چین روح ایک اسلامی ملک سے دوسرے اسلامی ملک کا سفر کرتی رہی اور اس نے ایران، مصر اور ترکی کے ممتاز ترین افراد کو متاثر کیا۔ ہمارے زمانے کے بعض جلیل القدر علماء جیسے مفتی محمد عبدہٗ اور نئی پود کے بعض افراد، جو آگے چل کر سیاسی قائد بن گئے جیسے مصر کے زاغلول پاشا وغیرہ، انہیں کے شاگردوں میں سے تھے۔ انھوں نے لکھا کم اور کہا بہت، اور اس طریقے سے ان تمام لوگوں کو جنہیں ان کا قرب حاصل ہوا، چھوٹے چھوٹے جمال الدین بنا دیا۔ انہوں نے کبھی نبی یا مجدد ہونے کا دعویٰ نہیں کیا، پھر بھی ہمارے زمانے کے کسی شخص نے روح اسلام میں اس قدر تڑپ

پیدا نہیں کی جس قدر کہ انھوں نے کی تھی۔ ان کی روح اب بھی دنیائے اسلام میں سرگرم عمل ہے اور کوئی نہیں جانتا کہ اس کی انتہا کہاں ہو گی!"

(بحوالہ حرف اقبال)

اقبال کے یہ واضح بیانات محض رسمی نہیں ہیں کہ انہوں نے ایک شخصیت یا اس کی پیدا کردہ تحریک سے سرسری طور پر متعارف ہو کر تقلیداً ادا کر دئے ہوں، بلکہ یہ خیالات ٹھوس مطالعے اور گہری سوچ بچار کے بعد ایسے زمانے میں ظاہر ہوئے ہیں جب اقبال خود جذبات کے ابتدائی ہیجان اور تخیلات و تاثرات کی فضا سے نکل کر اسلام کی نشاۃ الثانیہ کے لئے درپیش مسائل سے دوچار تھے۔ پہلی جنگ عظیم نے دنیا کو ہلا دیا تھا۔ عالم انسانی ایک بہت بڑے آپریشن کے بعد دوسرے آپریشن کی طرف گامزن تھا۔ مغربی استعمار کے بعد روس میں کمیونزم، ایک ملحدانہ نظام کی شکل میں اسلام کے لئے ایک نیا چیلنج پیش کر رہا تھا۔ خود مسلمان اور اسلامی ممالک استعمار کی سیاسی یلغار ہی کا ہدف نہیں تھے بلکہ مغرب کی مادی تہذیب کے صید زبوں بھی بنے ہوئے تھے۔ اس حالت میں مسلمانوں کو درس خود شناسی دینے کے علاوہ اسلام کو اس کی صحیح صورت میں پیش کرنا از بس ضروری تھا۔ الہیات اسلامیہ کی تشکیل جدید اسی صورت کو پورا کرنے کی ایک کوشش تھی۔ اقبال کو اس سلسلے میں دوسرے مسلم ممالک کی موجودہ صورت حال کا جائزہ بھی لینا پڑا اور اس ضمن میں سید جمال الدین افغانی اور ان کے افکار کا (جن سے متعارف تو وہ پہلے بھی تھے۔) انھوں نے بہ نظر غائر مطالعہ کیا (اس وقت افغانی کی تحریروں کی اشاعت بھی خاصی ہو چکی تھی اور دنیائے اسلام میں افغانی کے شاگرد اور شاگردوں کے شاگرد بہت سا تصنیفی کام کر چکے تھے)۔

اس مطالعے کے بعد ہی اقبال نے اپنی مذکورہ بالا تحریروں میں سید جمال الدین

افغانی کی تاریخ ساز شخصیت کا بھرپور اعتراف کیا ہے۔

(۷)

سید جمال الدین افغانی، عالم اسلامی میں مغربی استعمار کے خلاف جدید سیاسی فکر و عمل کے داعی ہونے کے علاوہ دینی فکر و عقیدے کے احیاء کے بھی مبلغ تھے۔ اپنے اس مقصد کی تبلیغ کے لئے انھوں نے اپنی حیات مستعار کو موقف کر دیا تھا اور مضطربانہ ایک ملک سے دوسرے ملک کا سفر کر کے اپنا پیغام نوجوانوں تک پہنچا رہے تھے۔ یہ پیغام کیا تھا؟ چند سطور میں اس کا لب لباب ہم یہاں پیش کرتے ہیں۔

سید جمال الدین افغانی اپنے عہد کی دہریت اور اس کے اثرات کو تمام ادیان عالم خصوصاً اسلام کے لئے فتنۂ عظیم خیال کرتے تھے۔ لہٰذا اس کے خلاف انہوں نے زبردست قلمی جہاد کیا۔ انھوں نے اپنی ذکاوت اور روشنیِ طبع سے مادیت کے تباہ کن خصائص کو اس وقت بے نقاب کیا جب یورپ میں ڈارونیت اور مارکسیت کا عام چرچا تھا۔ وہ لکھتے ہیں:

"کبھی مادیّین یہ دعویٰ کرتے ہیں کہ ان کا مقصد ہمارے دلوں کو توہمات سے پاک صاف کرنا اور دماغوں کو صحیح علم سے روشن کرنا ہے، کبھی وہ اپنے آپ کو ہمارے سامنے غریبوں کے خیر خواہ، کمزوروں کے محافظ اور ستم رسیدوں کے دادرس ظاہر کرتے ہیں۔ ان میں سے وہ جس گروہ سے بھی ہوں، ان کے عمل کی تہہ میں ایسا ہولناک مادہ مضمر ہے جو معاشرے کی بنیادوں کو ہلا دے گا اور اس کی محنت کے ثمرات کو برباد کر ڈالے گا یعنی مادہ پرستوں کے اقوال قلب کے شریف داعیات کو محو کر دیں گے اور ان کے تخیلات سے ہماری روحیں مسموم ہو جائیں گی۔ نیز ان کے تجربے نظام معاشرہ میں مسلسل فساد

پیدا کرتے رہیں گے۔"

سید جمال الدین افغانی کے نزدیک بنی نوع انسانی کی بقا و ارتقا اور اس کی سعادت و مسرت کا انحصار مذہب پر ہے۔ وہ کہتے ہیں کہ "مذہب قوموں کا، ہیولیٰ اور انسانی مسرتوں کا سرچشمہ ہے۔۔۔۔۔ حقیقی تہذیب وہ ہے جس کی بنیاد علم، اخلاق اور مذہب پر ہو، نہ کہ مادی ترقی پر مثلاً بڑے بڑے شہر بنانے، بے شمار دولت جمع کرنے یا تباہ کن آلات کی تکمیل پر ہے۔ اس کے علاوہ وہ اسلامی اجتماعیات کو جس کا مدار محبت، عقل اور آزادی پر ہے، مادی اشتراکیت اور اشتمالیت پر، جس کی بنیاد نفرت، خود غرضی اور ظلم پر ہے، ترجیح دیتے ہیں۔

اس میں شک نہیں کہ سید جمال الدین افغانی ایک روشن خیال اور عقلیت پسند مسلمان تھے۔ انھوں نے مسلمانوں کے تمام فرقوں سے استدعا کی کہ عقلی اصول کو، جو اسلام کی امتیازی خوبی ہے، اپنائی۔ وہ فرماتے ہیں کہ: "تمام مذاہب عالم صرف اسلام ہی ایسا دین ہے جو برہان کی روشنی میں بھی اپنی حقانیت کو ثابت کر سکتا ہے"۔۔۔} برہان کے بغیر بھی ایمان بالغیب کی اہمیت ہے لیکن برہان مانگنے والے کے لئے اسلام کے پاس برہان بھی ہے۔ اسلام عقلی تحقیق کا مخالف نہیں اور عقل کی روشنی بھی برحق ثابت ہو سکتا ہے (۳)}

سید جمال الدین افغانی نے عقیدۂ جبر کے خلاف معتزلہ کے عقیدۂ قدر یا آزادیِ عمل کی حمایت کی۔ اول الذکر وہ عقیدہ ہے جسے عموماً اہل مغرب مسلمانوں سے منسوب کرتے ہیں۔ افغانی کی رائے میں اسلامی عقیدۂ قضا و قدر اور جبر میں بڑا فرق ہے۔ قضا و قدر پر یقین رکھنے سے انسان کے عزم کو تقویت پہنچتی ہے، اخلاقی قوت میں ترقی ہوتی ہے اور انسان میں زیادہ حوصلہ مندی اور استقامت آجاتی ہے۔ بخلاف اس کے جبر ایسی بدعت

ہے جس کی عالم اسلام میں بدنیتی سے زیادہ تر سیاسی اغراض کے پیش نظر اشاعت کی گئی۔
(۴)

سید جمال الدین افغانی تحریک اتحاد عالم اسلامی کے، جسے مغربی اہل قلم (زیادہ تر مذمت کی خاطر) "پان اسلامزم" کہتے ہیں، علمبردار تھے۔ اس تحریک کا مقصد تمام اسلامی حکومتوں کو ایک خلافت کے جھنڈے تلے متحد و منظم کرنا تھا تاکہ وہ غیر ملکی تسلط سے چھٹکارا حاصل کر سکیں۔ العروۃ الوثقیٰ میں "اتحاد اسلامی" کے عنوان کے تحت وہ لکھتے ہیں:

"مسلمان کبھی ایک پر جلال سلطنت کے ماتحت متحد تھے، چنانچہ فلسفہ اور علم فضل میں ان کے کارنامے آج تک تمام مسلمانان عالم کے لئے باعث فخر ہیں۔ مسلمانوں کا فرض ہے کہ ان تمام ممالک میں جو کبھی بھی اسلامی رہ چکے ہیں، اسلامی حکومت کے قیام اور استقلال کے لئے مل کر کوشش کریں۔ انہیں کسی حالت میں بھی ان طاقتوں سے جو اسلامی ممالک پر حصول اقتدار کے لئے کوشاں ہیں، اس وقت تک مصالحانہ رویہ اختیار کرنا مطلق جائز نہیں، جب تک کہ وہ ممالک بلا شرکت غیر کاملاً مسلمانوں کے قبضے میں نہ آ جائیں"۔

(بحوالہ اردو دائرہ معارف اسلامیہ، جلد ۷، صفحہ ۳۷۹،۳۷۸)

چند لفظوں میں سید جمال الدین افغانی کی تحریک کو سمیٹا جائے تو یہ کہہ سکتے ہیں: "مسلمانوں کے لئے افغانی کا پیغام یہ تھا کہ قرآن کریم اور سنت نبویؐ کی طرف رجوع کیجئے، اسی میں عالم اسلامی کی فلاح ہے!" اور یہی مطمح نظر اقبال کا بھی تھا۔
(سامراجی اور کمیونسٹ اسی لئے ان رہنماؤں کو "رجعت پسند" قرار دیتے ہیں۔")

(۸)

جاوید نامہ کی تخلیق خطبات کے بعد ہوئی اور تکمیل اپریل ۱۹۳۱ء میں ہوئی۔ یہ فارسی مثنوی اقبال کی پختہ فکر اور پختہ تر شعور فن کی نمائندہ ہے۔ اس مثنوی میں اقبال نے پیر رومیؒ کی رہنمائی میں عالم افلاک کی روحانی سیر کی ہے۔ اس سیاحت کے دوران میں ان کی ملاقات ارواح رفتگاں سے ہوتی ہے۔ چنانچہ اسی سلسلے میں جب پیر و مرید فلک عطارد پر پہنچے جسے رومی "مقامی اولیاء" کہتے ہیں، تو یہاں انھیں سید جمال الدین افغانی اور سعید حلیم پاشا کی ارواح مقدسہ کی زیارت نصیب ہوئی۔ رومی تعارف کراتے ہیں اور اقبال کا نام از رہ شوخی زندہ رود بتاتے ہیں۔ تعارف کے بعد اقبال اور افغانی کے مابین حالات حاضرہ اور ملت اسلامیہ کے احوال پر گفتگو کا آغاز ہوتا ہے۔ افغانی زندہ رود (اقبال) سے مسلمانوں کی موجودہ حالات کے بارے میں استفسار کرتے ہیں۔ اقبال ملت اسلامیہ کے موجودہ ضعف ایمانی، دین مبین کی قوت سے ناامیدی اور بے یقینی کا اظہار کرتے ہوئے وطنیت، ملوکیت اور اشتراکیت کے مغربی فتنوں کا تذکرہ کرتے ہیں جن سے ملت اسلامیہ اس وقت دوچار ہے۔

افغانی، دین و وطن کی بحث میں مغرب کے تصور وطنی قومیت کے معائب بیان کرتے ہوئے کہتے ہیں کہ مغرب کے مکار دانا خود تو مرکزیت کی تلاش میں ہیں لیکن انھوں نے اہل مشرق (عالم اسلامی) کو نفاق میں مبتلا کر رکھا ہے۔ افغانی اس کے بعد حب الوطنی کے فطری تصور او عالم اسلامی و عالم انسانی کے دینی تصور، اتحاد پر روشنی ڈالتے ہیں اور مثالیں دے کر اس کی وضاحت کرتے ہیں:

گردِ مغرب آں سراپا مکر و فن
اہل دیں را داد تعلیم وطن
او بفکر مرکز و تو در نفاق

بگزر از شام و فلسطین و عراق
تو اگر داری تمیز خوب و زشت
دل نہ بندی یا کلوخ و سنگ و خشت
چیست دیں بر خاستن از روئے خاک
حیف اگر در خاک میرد جان پاک
گرچہ آدم بر دمید از آب و گل
رنگ و نم چوں گل کشید از آب و گل
حیف اگر در آب و گل غلطد مدام
حیف اگر برتر نپرد زیں مقام
گفت تن در شو بخاک رہگزر
گفت جاں پہنائے عالم را نگر!
جاں نگنجد در جہات اے ہوشمند
مرد حر بیگانہ از ہر قید و بند
حُر ز خاکِ تیرہ آید در خروش!
زانکہ از بازاں نیاید کارِ موش
آں کف خاکے کہ نامیدی وطن
ایں کہ گوئی مصر و ایران و یمن
با وطن اہل ون را نسبتے است
زانکہ از خاکش طلوع ملتے است
اندریں نسبت اگر داری نظر

نکتہ بینی ز مو باریک تر
گر چہاز مشرق بر آید آفتاب
با تجلی ہائے شوق و بے حجاب
در تب و تاب است از سوز دروں
تاز قید شرق و عرب آید بروں
بر دمد از مشرق خود جلوہ مست
تا ہمہ آفاق را آرد بدست!
فطرتش از مشرق و مغرب بری است
گرچہ او از روئے نسبت
افغانی: دین و وطن
(ترجمہ از پروفیسر سید سراج الدین)
حاکمِ مغرب سراپا مکر و فن
اہل دیں کو دی ہے تعلیمِ وطن
فکر میں مرکز کی وہ اور تو گرفتارِ نفاق
وقت ہے اب چھوڑ یہ شام و فلسطین و عراق
جانتا ہے تو اگر اچھا برا
اینٹ پتھر سے نہ ہر گز دل لگا
دین کیا ہے؟ اوپر اٹھنا خاک سے
تا کہ جانِ پاک ہو آگاہ اپنے آپ سے
وہ کہ جس کے لب پہ اللہ ہو

تنگ اس کے واسطے ہیں چار سو
خاک سے ہے گھاس کا تنکا مگر
وہ بھی اٹھتا ہے زمیں سے، ترک کر دیتا ہے خاک
حیف اگر مٹی ہی میں رہ جائے تیری جانِ پاک
ویسے گو مٹی ہی ہے انساں کی اصل
پانی اور مٹی ہی سے پاتا ہے وہ
رنگ اور نمی
حیف ہے لیکن

اس کے بعد افغانی اشتراکیت و ملوکیت کے فتنوں کا تجزیہ کرتے ہیں۔ جدید اشتراکیت کے بانی یہودی النسل کارل مارکس کے بارے میں کہتے ہیں کہ اس کے باطل نظریے میں چند معاشی حقائق بھی موجود ہیں۔ اس کا دل مومن ہے لیکن دماغ کافر ہے۔ یہی وجہ ہے کہ اس نے افلاک (روحانیت) کو گم کر کے شکم میں جان پاک کو تلاش کرنا شروع کیا ہے۔ اس پیغمبر باطل (حق ناشناس) کے دین (کمیونزم) کی بنیاد مساوات شکم پر ہے، حالاں کہ اخوت و مساوات کا اصل سرچشمہ دل (قلب مومن کی بے نیازی و اتقا) ہے۔ ملوکیت و استعار نے ہر گرگ و گل سے شہد نچوڑ لیا ہے۔ اس کا بدن فربہ اور سینہ بے نور ہے۔ افغانی ان دنوں فتنوں (اشتراکیت و ملوکیت) کو یزداں ناشناس (ملحدانہ) اور آدم فریب قرار دیتے ہیں۔ ملوکیت انسانوں سے خراج وصول کرتی ہے اور اشتراکیت خروج (جسے وہ انقلاب کا پر فریب نام دیتی ہے) کے ذریعے ملکوں میں انتشار اور انسانوں میں فساد برپا کرتی ہے۔ ان دو پتھروں کے درمیان آدم کا شیشۂ دل چور چور ہو رہا ہے۔ یہ

دونوں فتنے تن کو روشن کرتے ہیں لیکن من کو تاریک بناتے ہیں۔

صاحب سرمایہ از نسل خلیل
یعنی آں پیغمبرِ بے جبرئیل
زانکہ حق در باطلِ او مضمر است
قلب او مومن دماغش کافر است
غربیاں گم کردہ اند افلاک را
در شکم جوئند جان پاک را
رنگ و بو از تن نگیرد جان پاک
جز بہ تن کارے ندارد اشتراک
دین آں پیغمبر حق ناشناس
بر مساواتِ شکم دارد اساس
تا اخوت را مقام اندر دل است
بیخِ او در دل نہ در آب و گل است
ہم ملوکیت بدن را فربہی است
سینۂ بے نورِ او از دل تہی است
مثل زنبورے کہ بر گل می چرو
برگ را بگزارد و شہدش برد
شاخ و برگ و رنگ و بوئے گل ہماں
بر جمالش نالۂ بلبل ہماں
از طلسم و رنگ و بوئے او گزر

ترک صورت گوے و در معنی نگر
مرگ باطن گرچہ دیدن مشکل است
گل مخواں اورا کہ در معنی گل است
ہر دو را جاں ناصبور و ناشکیب
ہر دو یزداں ناشناس آدم فریب
زندگی ایں را خروج آں را خراج
درمیان ایں دو سنگ آدم زجاج
ایں بہ علم و دین و فن آرد شکست
آں برد جاں را ز تن ناں را ز دست
غرق دیدم ہر دو را در آب و گل
ہر دو را تن روشن و تاریک دل
زندگانی سوختن با ساختن
در گلے تخمِ دلے انداختن
(ترجمہ از پروفیسر سید سراج الدین)
خالقِ سرمایہ جس کی اصل ہے
نسلِ خلیلؑ
یعنی وہ پیغمبرِ بے جبرئیل،
جس کے باطل میں بھی حق کا ہے سراغ
جس کا دل مومن ہے اور کافر دماغ
اہل مغرب نے فرامش کر دیا

افلاک کو،
اور شکم پر کر دیا موقف
جانِ پاک کو
جاں میں ہے جو رنگ و بو
تن سے نہیں وہ مستعار
اشتراکیت، کا لیکن
صرف تن پر ہے مدار
ہے مساواتِ شکم اس کی اساس
بیج بھئی چارگی کا آب اور گل میں نہیں
تخم الفت دل میں ہے
بادشاہی، ہے بدن کی فربہی
اس کے سینے میں نہیں ہے دل کوئی
زندہ رہنا چاہیے مثلِ مگس

اس مکالمے کے بعد سعید حلیم پاشا مشرق اور مغرب کے اختلاف فکر و نظر پر روشنی ڈالتے ہوئے ترکوں کو قرآن شناسی کی دعوت دیتے ہیں۔ اس پر زندہ رود سید جمال الدین افغانی سے عالم قرآن کے بارے میں استفسار کرتے ہیں۔ افغانی محکمات عالم قرآنی کی وضاحت کرتے ہوئے خلافت آدم، حکومت الٰہی، ارض ملک خدا است و حکمت خیر کثیر است کے عنادین سے قرآن پاک کی بنیادی عمرانی تعلیمات پر روشنی ڈالتے ہیں۔ زندہ رود محکمات قرآنی جو اتنی مفید خلائق ہیں، اب تک پردۂ حجاب میں کیوں مستور ہیں۔ یہ ظہور میں کیوں نہیں آتیں؟

جواب میں سعید حلیم پاشازوال امت کے اسباب بیان کرتے ہوئے علمائے سو کے کردار پر کڑی تنقید کرتے ہیں اور مسلمانوں کو قرآنی تعلیمات پر غور و فکر کرنے اور حضرت محمد مصطفی صلی اللہ علیہ وسلم کے اسوۂ حسنہ سے اکتسابی نور کی تلقین کرتے ہیں اور ملاقات کے آخر میں افغانی ملت روسیہ کو پیغام دیتے ہیں جس میں قرآنی تعلیمات کے معاشی پہلوؤں کی وضاحت کر کے اشتراکیت پر اسلام کی فضیلت ثابت کی گئی ہے، تاکہ قوم روسیہ لا سے آگے گزر کر الا کی طرف گامزن ہو جس کے بغیر وہ اپنے مقصد کی تکمیل میں ناکام رہے گی اور اشتراکیت کے نام پر خود ایک سامراجی طاقت بن جائے گی (اس نظام کا آخر یہی انجام ہوا)

جاوید نامہ میں اقبال نے جمال الدین افغانی اور سعید حلیم پاشا کی زبانی وطنیت، ملوکیت اور اشتراکیت پر تنقید کی ہے اور ان ملحدانہ و مادہ پرستانہ نظام ہائے سیاست کو نسل انسانی کی تباہی کے راستے بتا کر اسلام کے معاشرتی و معاشی عدل ی فضیلت واضح کی ہے۔ خوب و زشت کی اس تمیز کو اگر اقبال کے خطبات تشکیل جدید الٰہیات اسلامیہ کے حوالے سے دیکھا جائے تو ان کے اس زمانے کے فکر و عمل کے زاویے بہ خوبی واضح ہو جاتے ہیں ار سید جمال الدین افغانی سے ان کے ذہنی و فکری رابطے کے بھرپور اظہار و اعتراف کی وجوہ بھی معلوم ہو جاتی ہیں۔

میثاق سعد آباد جو حیات اقبال کے آخری سال میں طے پایا، آج ایک معمولی سا واقعہ نظر آتا ہے لیکن افغانی اور اقبال کے مقاصد کی پیش رفت میں اس زمانے کے لحاظ سے یہ ایک اہم قدم تھا۔ اقبال نے اس سے دو برس قبل جمعیت اقوام کی بجائے جمعیت اقوام مشرق کے سلسلے میں اپنی اس آرزو کا اظہار کیا تھا:

تہران ہو گر عالم مشرق کا جنیوا

شاید کرۂ ارض کی تقدیر بدل جائے

اس زمانے میں صرف چند مسلمان اپنی خود مختاری کا بھرم قائم رکھے ہوئے تھے۔ ترکی، ایران، عراق، افغانستان کا یہ میثاق عام کلچرل نوعیت کا تھا لیکن اس دور تیرہ و تار میں روشنی کی یہ ایک کرب بھی امید افزا محسوس ہوتی تھی۔ اقبال جدید ترکی اور ایران کے سربراہوں کی حد سے بڑھی ہوئی تجدد پسندی کے بھی شاکی تھے اور اسے خود فریبی قرار دیتے تھے:

نہ مصطفی نہ رضا شاہ میں نمود اس کی
کہ روح شرق بدن کی تلاش میں ہے ابھی

جمال الدین افغانی بھی ہمیشہ ملوکیت سے نالاں رہے۔ کیوں کہ یہ اسلام کی روح، حریت فکر کی حریف بنی رہی۔ بلکہ افغانی تو اپنے ذاتی تلخ تجربات کی وجہ سے آخر میں ملوکیت کے سخت مخالف ہو گئے تھے۔

اس مضمون کے شروع میں افغانی اور اقبال کے اجساد خاکی کے قرب اور ملاپ کا جو منظر ہم نے پیش کیا ہے وہ ایک ایسے زمانے کا واقعہ تھا جب دنیا دوسری جنگ عالمگیر کے قلزم خون سے دوچار اور آتش و آہن کے طوفان کی زد میں تھی اور خود اس خطے (پاکستان) کے مسلمان محکومی کی حالت میں تھے۔ جنگ میں فسطائی طاقتوں کی شکست اور سامراجی طاقتوں کے زوال کے نتیجے میں ایشیا اور افریقہ کے بہت سے مسلم ممالک آزادی کی دولت سے بہرہ ور ہوئے اور یہ سلسلہ اب تک جاری ہے۔ یہ افغانی اور اقبال کے خوابوں کی تعبیر ہے۔

اسلامی ممالک کی آزادی کے ساتھ معدنی ذخائر (خصوصاً پٹرولیم) کی وجہ سے دنیائے اسلام کو اقوام عالم میں جو اہمیت حاصل ہو گئی ہے وہ اظہر من الشمس ہے۔ گو نو

آزاد ملکوں کو بہت سے مسائل در پیش ہیں، فلسطین اور کشمیر کے مسئلے عالمی مسائل ہونے کے علاوہ عالم اسلام کے خصوصی مسائل ہیں، احیائے دین اور اتحاد عالم اسلامی اب محض تصورات نہیں رہے بلکہ ٹھوس حقیقتیں بن چکی ہیں۔ سانحہ بیت المقدس(۱۹۶۹ء) کے نتیجے میں اسلامی ملکوں کے سربراہوں کی رباط کانفرنس اتحاد عالم اسلامی کا سنگ بنیاد تھی جس پر اب عمارت کی تعمیر کا کام جاری ہے۔ یہ عمارت سنگ و خشت کی بھی ہے اور قلب و روح کی بھی! یہ مقام میثاق سعد آباد سے یقیناً بہت آگے اور بہت بلند ہے۔ افغانی اور اقبال کی روحیں آج عالم افلاک میں ضرور شاد کام ہوں گی، لیکن یہ اتحاد کی منزل اولین ہے۔ محکمات قرآنی کے ظہور کا ابھی انتظار ہے۔ اسلام کی نشاۃ الثانیہ کی تکمیل اس کے بغیر ہو گی۔ عالم انسانی کی فلاح کے لئے نظام مصطفی کا نفاذ از بس ضروری ہے اور اس کے لئے مسلمانان عالم کو بڑی قربانیوں اور ایثار کی ضرورت ہے اور اس مقصد کے لیے افغانی اور اقبال کا پیغام آج بھی ہمارے لیے مشعل رہا کا کام دے سکتا ہے!

(ماخوذ از اقبال ایک مطالعہ۔ اقبال اکاڈمی پاکستان، لاہور، ۱۹۷۷ء)

حوالے اور حواشی

۱۔ بحوالہ آثار جمال الدین افغانی، مطبوعہ ۱۹۴۰ء

۲۔ دوسری گول میز کانفرنس پر لندن جاتے ہوئے راستے میں اقبال نے بمبئے کرنیکل کو انٹرویو دیتے ہوئے پان اسلام ازم کا تجزیہ کیا اور کہا کہ ان کے خیال میں پان اسلام ازم کی اصطلاح سب سے پہلے ایک فرانسیسی صحافی نے استعمال کی اور یہ ایک طرح سے یورپی استعمار کو حق بجانب ثابت کرنے کیلئے اسلامی خطرے کے موہوم تصور کا اظہار تھا۔ بعد میں یہ نام استنبول میں اسلامی ملکوں کے اتحاد کی کسی سازش یا منصوبے کو دیا گیا

جس کی تردید پروفیسر براؤن نے کی ہے۔ بعد میں سید جمال الدین کی اتحاد اسلامی کی تحریک کو بھی یہ نام دیا گیا۔ یہ کہنا مشکل ہے کہ افغانی نے خود یہ اصطلاح استعمال کی یا نہیں لیکن یہ حقیقت ہے کہ افغانی نے افغانستان، ایران اور ترکی کو یورپی حملے کی صورت میں متحد ہونے کا مشورہ دیا۔ یہ ایک طرح سے مدافعانہ صورت تھی اور افغانی اس میں بالکل حق بجانب تھے۔(تفصیل کے لئے دیکھئے)

Letters and Writings of Iqbal, ۱۹٦۷Page ۵٦، ۵۵

۳۔ اقبال کے کلام میں دانش وجدانی (ایمان بالغیب) اور دانش برہانی (عقل) کے مباحث کو پیش نظر رکھا جائے تو عشق اور عقل کی یہی درجہ بندی اور ان کے امتیازی اوصاف سامنے آتے ہیں۔

۴۔ یہی اقبال کا بھی خیال تھا۔ ملاحظہ ہو تصوف پر ان کے مضامین (مقالات اقبال) نیز تشکیل جدید الٰہیات اسلامیہ (متعلقہ مباحث)

***

سید جمل الدین افغانی اور اقبال

ڈاکٹر معین الدین عقیل

جمال الدین افغانی کے عہد کا عالم اسلام بہ حیثیت مجموعی افتادگی و پژمردگی کا شکار تھا، لیکن یہی دَور عالم انسانی تہذیب کے لئے نہایت انقلاب افزا اور تحریک آمیز بھی ہے۔ اس میں سائنس کی ایجادات اور اس کی ترقیوں کے سبب زمان و مکان کی وسعتیں سمٹ جاتی ہیں اور قوائے فطرت کی تسخیر سے انسان اپنی زندگی کو نئے انداز سے ترتیب دینے لگتا ہے۔ یورپ کا صنعتی انقلاب سیاست اور معاشرے کی بنیادیں تبدیل کر دیتا ہے۔ فرانسیسی انقلاب کی وجہ سے قومیت، آزادی اور جمہوریت کے تقاضوں کے زیر اثر سیاست اور معاشرت کی پرانی قدریں اور پرانا طرز فکر سرنگوں ہو جاتا ہے۔ علمی ترقی کی رفتار آئے دن تیز سے تیز تر ہوتی جاتی ہے۔ "لیکن اس تیزی سے بدلتی ہوئی دنیا میں بھی اولاً مسلمان اپنے عہد گذشتہ کی حکایتوں میں کھوئے ہوئے بیٹھے تھے یا آنے والے تصوراتی عہد کے انتظار میں زندگی کے حقائق سے فرار حاصل کر لیتے تھے اور کبھی تصوف کے دامن میں پناہ تلاش کرتے تھے۔ ان کی اکثریت نے اپنی غفلت اور جمود کی وجہ سے اس انقلاب اور تغیر کی طرف کوئی توجہ ہی نہ دی جس کا ظہور یورپ میں ہو رہا تھا۔ اب یہ فطری امر تھا کہ یورپ اپنی اس نئی حاصل شدہ قوت کو اپنے استعماری منصوبوں میں استعمال کرنا شروع کرتا۔ محض ایک محدود تعداد ایسے مسلمانوں کی تھی جنھوں نے اس

تغیر و انقلاب کے اثرات محسوس کئے کہ ان کے ممالک یکے بعد دیگرے مغربی طاقتوں کے ہاتھ میں جارہے ہیں۔ ہندوستان میں ہزار سالہ حکومت انگریزوں کے قبضے میں چلی گئی۔ مصر بھی برطانوی تسلط میں آگیا۔ ایران اور وسط ایشیا کے بعض علاقے روس نے ہضم کر لئے، فرانس شمالی افریقہ کے بیشتر علاقوں پر اپنی عملداری قائم کر رہا تھا۔ اسلامی دنیا کے ایک حساس طبقے نے اس زوال کو محسوس کیا۔ ہندوستان میں سید احمد خان اور ان کے رفقاء ترکی میں مدحت پاشا، سلطان محمود خان اور ان کے وزراء مصر میں محمد علی پاشا اور مصطفیٰ کامل، تیونس میں خیر الدین پاشا، طرابلس میں امام محمد بن سنوسی، روس میں مفتی عالم جان، الجیریا میں امیر عبد القادر، نجد میں عبد الوہاب کے حلقۂ فکر کے اکابر مسلمانوں کے اس طبقے سے تعلق رکھتے ہیں جسے اسلامی ممالک کے اس سیاسی زوال اور انحطاط کا حد درجہ قلق تھا۔ ان افراد نے اپنے اپنے مخصوص سیاسی حالات اور معاشی مسائل کے مطابق تھا۔ ان اکابر کی نظر میں مسلمانوں کی اس پستی کا علاج سیاسی اصلاح میں مضمر تھا کہ جب تک یہ ظہور پذیر نہ ہو کوئی کوشش ان کی بیداری کے لئے سود مند نہیں ہو سکتی۔ عالمِ اسلام میں اس نقطۂ نظر کے سب سے بڑے داعی سید جمال الدین افغانی تھے۔

افغانی ایک مذہبی مصلح، روشن خیال مفکر اور سیاسی رہنما تھے۔ ان کے پر جوش اور حکیمانہ ذہن نے ان مسائل او حالات کو بخوبی سمجھ لیا تھا، جن سے ان کی گرد و پیش کی دنیا دوچار ہو رہی تھی، ان کے دل پر مسلمانوں کے انحطاط کا بڑا گہرا اثر تھا۔ چنانچہ انیسویں صدی کے اواخر میں سیاسی استقلال اور دستوری حکومت کے لئے مذہبی و فکری اصلاحات کے تحت جو جدوجہد ہوئی اس کے بڑے محرک بھی ثابت ہوئے۔ یہ افغانستان میں ۱۸۳۹ء مین پیدا ہوئے، جہاں ان کے خاندان کو ایک اعلیٰ سیاسی و معاشرتی حیثیت حاصل تھی (۱)۔ اٹھارہ سال کی عمر تک وہ ایران اور افغانستان کے مختلف مقامات پر حصول تعلیم

میں مصروف رہے (۲)۔ جس کے بعد وہ ہندوستان آئے اور ڈیڑھ سال مقیم رہ کر (۳)انھوں نے مغربی علوم اور کسی قدر انگریزی میں استعداد حاصل کی۔ افغانی، ایرانی، ترکی اور عربی وہ پہلے سے جانتے تھے۔ قیام ہند کے بعد ۱۸۵۷ء میں مکہ معظمہ پہنچے۔ وہاں سے واپس افغانستان گئے اور حکومت سے منسلک ہو گئے (۴)۔ ۱۸۶۹ء میں دوسری مرتبہ ہندوستان آئے اور یہاں سے واپس کابل ہوتے ہوئے مصر گئے (۵)۔ ۱۸۷۱ء میں قسطنطنیہ پہنچے۔ وہاں ان کی خاصی آؤ بھگت ہوئی اور انہیں "انجمن دانش" کارکن بنایا گیا(۶)۔ وہاں سے مصر چلے گئے، جہاں ریاض پاشا نے ان کا خیر مقدم کیا(۷)۔ وہاں انھوں نے ۱۸۷۱ء سے ۱۸۷۹ء تک فلسفہ اور دینیات کے درس دئے (۸)۔ انہوں نے وسیع پیمانے پر دنیائے اسلام کا سفر کیا اور اس کے علاوہ انگلستان، فرانس، جرمنی، روس، امریکہ وغیرہ کی سیر بھی کی اور مغربی تہذیب کا گہرا مطالعہ بھی کیا۔ ان کا انتقال قسطنطنیہ میں ۹!مارچ ۱۸۹۷ء کو ہوا۔

علوم اسلامی پر افغانی نے جو عبور حاصل کر لیا تھا، اس کے طفیل ہر اس ملک کے علماء نے، جہاں وہ گئے، ان کا انتہائی احترام کی اور ان کے گرد سینکڑوں مستعد اور ذہین شاگردوں کے حلقے جمع ہو گئے، جن کو وہ ان طریقوں کی تلقین کرتے تھے جن سے کام لے کر اسلام کے تاریخی اور معاشرتی موقف کو موجود زمانے کی سائنسی فکر کے مطابق بنایا جاسکتا تھا(۹)۔ جن افراد نے مذہبی علوم کی تحصیل کے لئے افغانی سے وابستگی اختیار کی ان کی تعداد کم تھی انہیں میں ان کے شاگرد محمد عبدہ(۱۸۴۹ء۔ ۱۹۰۵ء) تھے جو اپنے استاد کے خیالات کی پیروی میں ممتاز درجہ رکھتے تھے (۱۰)۔ افغانی ایک بڑی متاثر کن شخصیت کے حامل تھے جس سے ان کے تمام ملنے والے متاثر ہو جاتے تھے۔ وہ تعلیم و تحریر کے ذریعے عام تخاطب سے اپنے خیالات کی اشاعت کرتے۔ مذہب اور علم دونوں

میں ان کی مصلحانہ فطرت نمایاں ہوتی اور کسی گوشے میں بھی ان کے قدم مقلدانہ سطح سے مس نہیں ہوتے۔ سیاست میں وہ سرتاپا انقلاب کی دعوت دیتے۔ چنانچہ جہاں کہیں جاتے، چند دنوں کے اندر معتقدین کی ایک بڑتی تعداد کو ان کے پاس کھینچ کر لاتی، ان کے گھر میں اسباق کا باقاعدہ سلسلہ جاری رہتا جہاں اسلامی ادبیات کا درس ہوتا۔ ان کا مقصد یہ تھا کہ ایسے مفکر تیار کئے جائیں جو دانائی اور بصیرت کے حامل ہوں۔ انھوں نے صرف بیرونی اقتدار سے آزاد ہونے ک نہیں بلکہ شدید اور فرسودہ اعتقادات واعمال کی مزاحمانہ قوت سے بھی نجات پانے کی بڑی شدومد سے تبلیغ کی۔ وہ آزاد خیالی کی جدوجہد میں بھی مصروف رہے۔ اور تصور آزادی کے کھلے ہوئے بیباکانہ اعلان پر زور دیتے رہے۔ انھوں نے اگر مسلمان حکمرانی پر ملامت کی کہ انھوں نے اپنی رعایات پر جبر کر کے ان کے اعتماد سے غداری کی ہے تو مغربی استعماریت پر بھی اس کے ایشیائی عوام کا استحصال کرنے پر سخت تنقید کی۔

افغانی نے اپنی جدوجہد کے لئے اسلام کے احیاء کو سب سے زیادہ اہمیت دی۔ اس مقصد کے لئے انہوں نے نہ صرف عالم اسلام کو مخاطب کیا بلکہ تمام مشرقی اقوام کو بھی ان کے عام سیاسی انحطاط سے متنبہ کیا اور انہیں مغرب کے جارحانہ اثرورسوخ کے خلاف متحد ہونے کی تلقین کی۔ ان کے نزدیک اسلام اپنے تمام لوازم میں ایک آفاقی مذہب ہے جو اپنی داخلی روحانی قوت کی وجہ سے یقینی طور پر ایسی اہلیت رکھتا ہے کہ تمام بدلتے ہوئے حالات سے مطابقت کر سکے۔ ان کا خیال تھا کہ اگر مسلمانوں کے ممالک ایک مرتبہ بیرونی تسلط اور مداخلت سے آزاد ہو جائیں اور اسلام میں بھی ایسی اصلاحات کر دی جائیں جن سے یہ زمانۂ حاضر حاضر کے تقاضوں کی تکمیل کر سکے تو مسلمان قومیں یورپی قوموں کے سہارے یا ان کی پیروی کے بغیر اپنے لئے ایک پر شکوہ زندگی کا لائحہ عمل تیار کر سکتی

ہیں (۱۲)۔ افغانی کی پیش کردہ تعلیمات کی ایک مثال ان کی کتاب "الرد علی الدہریین" کے آخر میں نظر آتی ہے۔ انہوں نے لکھا ہے کہ قوم کی فلاح اور اصلاح کے لئے ان کے قلوب و اذہان ضعیف الاعتقادی اور اوہام پرستی سے پاک کیا جائے۔ قوم کے عقائد بنیادی چیز ہیں جو لوگوں کو سکھانے چاہئیں۔ لیکن یہ عقائد محض تقلید پر مبنی نہ ہوں بلکہ ان کی تائید ضروری دلائل و براہین کی تعلیم بھی ضروری ہے تاریخی عمل کے تعلق سے ان نظریات کا یہ امتیاز ہے کہ وہ اسے قدامت پرست مشرق اور ترقی پسند مغرب کے درمیان قدیم اور جدید کی کشمکش اور مذہب اور دہریت کے درمیان مسابقت سے تعبیر کرتے ہیں۔ ان کا خیال ہے کہ ماضی میں بڑی بڑی قوموں اور مملکتوں کا زوال دہریت کو ماننے ہی کا سبب ہے۔ اسی طرح سے دہریت پر مبنی فرقہ باطنیہ کے عقائد ہی تھے، جنہوں نے دسویں صدی میں اسلام کی سیاسی تنظیم کو کمزور کر دیا(۱۳)۔ موجودہ عہد میں ان کے نزدیک فرانسیسی اور عثمانی ترک بھی دہریت کی بیماریوں میں مبتلا ہیں۔ آگے چل کر انہوں نے لکھا ہے کہ تمام مذاہب "نیچریت" کے مقابلہ میں قابل ترجیح ہیں اور ان تمام مذاہب میں اسلام، افراد کو زیادہ مسرت و شادمانی عطا کرتا ہے (۱۴)۔ افغانی نے یہ خیال بھی پیش کیا کہ ہر قوم میں ایک مخصوص طبقہ ہونا چاہئے جس کا کام عوام کی تعلیم ہو اور ایک ایسا طبقہ بھی ہونا چاہئے۔ جو افراد کی اخلاقی تربیت کا ذمہ لے۔ ایک طبقہ فطری جہالت کا مقابلہ کر کے تعلیم عام کرے اور دوسرا طبقہ فطری جذبات سے جنگ کر کے نظم و ضبط کا ذوق پیدا کرے (۱۵)۔ ان کی نظر میں مذہبی اصلاح کا مفہوم یہ تھا کہ اسلام کو جامع اور ہمہ گیر حیثیت سے سمجھا جائے اور اس کے حقائق اور بنیادی اصولوں پر مخلصانہ طریقے سے عمل کیا جائے۔ ان کے خیال میں ذہنی اصلاح ذہن و دماغ کو آزادی کرنے اور صداقت کی بے روک ٹوک پیروی کرنے سے میسر آسکتی ہے۔ آزاد ذہن دنیا کے

ساتھ ہم آہنگ ہوتا ہے۔ یہ ہم آہنگی انسان کو متوازن رکھتی ہے۔ اسے الجھن اور شکوک سے رہا کرتی ہے۔ اس طرح بالآخر سیاسی اصلاح خود بخود رونما ہو جاتی ہے۔ اس خیال کے تحت انہوں نے مجموعی طور پر اپنے فکر و عمل سے بیک وقت مسلمانوں کی ذہنی اصلاح بھی کرنی چاہی اور بیرونی تسلط سے ان کی مدافعت بھی ان کا مقصد تھا(۱۶)۔

افغانی نے اپنے عہد کے ادب کو بھی خاصہ متاثر کیا۔ ان کے عہد تک ادب زیادہ تر امراء و روسا کی مدح سرائی کے لئے وقف تھا۔ خواہ کیسے ہی نااہل اور تعریف کے کتنے غیر مستحق کیوں نہ ہوں۔ افغانی نے ادب کے رجحانات پر اپنے گہرے اثرات مرتسم کئے۔ انھوں نے یہ تعلیم دی کہ ادب کا بنیادی مقصد لوگوں کی ضرورتیں ظاہر کر کے اور ان کے حقوق کی مدافعت کر کے ان کی خدمت کرنا ہے۔ اس طریقے سے ایک نئے ادب کی تشکیل ہوئی جو اپنے مواد و مضامین کے لئے قوم پر نظر رکھتا اور قوم کے حقوق اور حکمرانوں کے فرائض کے موضوعات کا حامل ہوتا تھا، انھوں نے اخبارات جاری کرنے کے لئے ہونہار نوجوانوں کی حوصلہ افزائی کی اور ان میں قوم پرستانہ جذبات پیدا کئے، ان کے گرد و پیش صحت مند عربی صحافت کی بنیاد استوار ہو گئی اور ادیبوں کو اس مقصد کے لئے تربیت دی گئی کہ وہ قوم کے مسائل کی وکالت و حمایت کریں(۱۷)۔ ان کی تعلیمات کا حلقہ جس قدر وسیع ہوتا گیا۔ اور ان کے قلم کی روانی جس قدر زیادہ ہوتی گئی اسی قدر ان کے اثر سے نئے نئے اہل قلم میدان میں آتے گئے، محمد عبدہ کے علاوہ رشید رضاء، سعد زاغلول، عبد اللہ نعیم بے، احسان بے اور کتنے ہی ایسے نام دہرائے جاتے ہیں جو افغانی کے زیر اثر رہے۔

افغانی کی تمام کوششوں اور مسلسل جدوجہد کا سب سے بڑا مقصد یہ تھا کہ تمام مسلم اقوام ایک حکومت اسلامی کے ماتحت متحد ہو جائیں اور ان سب پر ایک خلیفۃ المسلمین کا

قطعی اور کلی اثر و اقتدار ہو (۱۸)۔ جس طرح اسلام کے پر افتخار دور میں ہوتا تھا۔ بعد میں اسلام کی متحدہ طاقت متواتر اختلافات اور نزاعات سے منتشر ہو گئی اور مسلمان ممالک جہالت اور بے بسی میں مبتلا ہو کر مغربی استعمار کے تسلط کا شکار ہو گئے (۱۹)۔ ان کے خیالات میں محض اتحاد اسلامی ہی مسلمانوں کو عیسائیت اور مغربی استعمار سے نجات دلا سکتا ہے (۲۰)۔ اس سلسلے میں انہوں نے ایک مسلم جمہوریہ کی بابت سوچا تھا۔ جس میں مرکزی ایشیاء کی جمہوریتیں افغانستان اور ہندوستان کے شمال مغرب کے مسلم اکثریت والے علاقے شامل تھے۔ اپنے ان منصوبے کے تحت ان کا یہ پیغام تھا کہ علماء تمام روئے زمین پر ایک دوسرے کے ساتھ متحد و مرتبط ہو جائیں اور مختلف ممالک میں اپنے مرکز بنا لیں تا کہ اتحاد کے موقع پر اس کی طرف رجوع ہو سکیں۔ عوام کی رہنمائی قرآنِ حکیم اور حدیثِ قدسی کے مطابق کریں۔ مختلف مراکز کا ایک مرکز کلی قرار دیں جس پر سب کو جمع کرنے کی سعی کریں۔ یہ مرکز مقاماتِ مقدسہ میں ہو۔ جن میں سب سے اشرف و انسب حرم کعبہ ہے۔ اس طریقے سے وہ دین کو مضبوط و محفوظ بنا سکیں گے اور دشمنوں کے حملوں سے بچا کر آفات و حوادث کے موقع پر امت کی ضروریات پوری کر سکیں گے (۲۱)۔

افغانی نے اپنے مقاصد کی تکمیل کے لئے جو ذریعہ منتخب کیا وہ سیاسی انقلاب تھا۔ ان کے خیال میں مسلمان قوموں کے لئے، اس آزادی کی خاطر جو انہیں اپنے حالات درست کرنے کے لئے ضروری ہے، یہی ذریعہ سب سے زیادہ موثر اور یقینی تھا۔ ان کا خیال تھا کہ تدریجی اصلاح اور تعلیم کے طریقے غیر یقینی تھے۔ وہ اتنے مضطرب تھے کہ نتائج کو اپنی زندگی ہی میں دیکھنا چاہتے تھے (۲۲)۔ انہوں نے اپنے طریقہ کار میں بیک وقت سیاسی انقلابیوں اور علماء کو اپنا ہم خیال بنایا اور اسی سلسلے میں مقامی قومیت اور اتحاد اسلامی دونوں

کو اہمیت دی (۲۳)۔ انہوں نے ایران میں ایک سیاسی مقتدر کی حیثیت سے، مصر اور ترکی میں ایک معلم کی حیثیت سے اور یورپ اور ہندوستان میں ایک نیم انقلابی کی حیثیت سے مسلمانوں کی ذہنی اصلاح کی تدابیر اختیار کیں جسے وہ مغربی استعمار کے خلاف کامیابی کا پیش خیمہ سمجھتے تھے (۲۴)۔ انہیں اسلام کے احیاء کی مخلصانہ خواہش نے تمام عمر متحرک رکھا۔ انہیں اس کے احیاء کے امکان پر پورا وثوق تھا۔ اور ان کا یہ جذبہ موثر اور کارگر تھا(۲۵)۔ انہوں نے سنیوں اور شیعوں کو باہم رعایتوں اور مفاہمتوں کی بنا پر متحد کرنے کی کوشش کی، جس کی اہمیت ابتداً سیاسی تھی لیکن اس سے یہ ظاہر ہوتا ہے کہ وہ مذہبی رواداری کو دنیائے اسلام کے دیرینہ ازالے کے لئے بے حد ضروری سمجھتے تھے(۲۶)۔

جمال الدین افغانی کی سرگرمیاں عملاً سارے عالم اسلام اور ان مغربی ممالک میں بھی جاری رہیں، جو مسلمانوں کے ممالک سے سیاسی وابستگی رکھتے تھے۔ افغانستان، ایران، ترکی، مصر، ہندوستان سب سے وقتاً فوقتاً افغانی کا قوتِ آزما ربط پیدا ہوا اور ان سب ممالک میں ان کے اثرات دیکھے جاسکتے ہیں (۲۷)۔ انقلاب ایران جس کا آغاز ۱۸۹۱ء میں اجارۂ تمباکو کے خلاف شورش سے ہوا اور جس کا اختتام قیام مشروطیت پر ۱۹۰۶ء میں ہوا، اپنے ابتدائی مراحل میں افغانی ہی کے مشورے اور حوصلہ افزائی کے سبب ہوا تھا(۲۸)۔ سوڈان کی مہدی تحریک میں بھی ان کے اثرات موجزن رہے (۲۹)۔ ۱۹۰۸ء میں نوجوان ترکوں کی کامیاب شورش افغانی ہی کی تحریک پر تیار ہوئی تھی، جس کو انہوں نے قسطنطنیہ کے دورانِ قیام شروع کیا تھا۔ اس تحریک کا مقصد یہ تھا کہ ترکی میں دستوری نظام بحال کیا جائے۔ اس میں بالآخر ایک مرحلہ پر خود فوج بھی انقلابیوں میں شامل ہو گئی اور سلطان عبدالحمید کو مجبور ہو کر ۱۸۷۶ء کا دستوری نظام بحال کرنا پڑا۔ اس طرح ملک کا اقتدار نوجوان ترکوں کے ہاتھوں میں آگیا(۳۰)۔ مصری قوم پرستوں کی وہ تحریک جو

اپنے ابتدائی مرحلے میں 'عرابی بغاوت' کے ہو جانے کی وجہ سے ختم ہو گئی تھی، اس کے ابتدائی محرک بھی افغانی ہی تھے۔ اعرابی اور ان کے ساتھی اپنے آپ کو افغانی کے پیرو بیان کرتے تھے (۳۱)۔ اور مصر ہی میں ذہنی اور مذہبی اصلاح و بیداری کے محرک محمد عبدہ تھے، وہ بھی بڑی حد تک افغانی ہی کے طفیل تھی (۳۲)۔

افغانی نے جب وہ پیرس میں تھے تو اپنے خیالات کی اشاعت کے لئے عربی میں ایک ہفتہ روزہ رسالہ "العروۃ الوثقیٰ" جاری کیا جس کا مقصد یہ تھا کہ مسلم اقوام مغرب کے استعمار اور استحصال کا مقابلہ کرنے کے لئے اپنی قوتوں کو مجتمع کرنے کے قابل ہوں (۳۳)۔ اس رسالہ کا اجراء مارچ ۱۸۸۴ء میں ہوا اور اس کے کل اٹھارہ شمارے شائع ہوئے۔ آخری شمارہ اکتوبر ۱۸۸۴ء کو شائع ہوا (۳۴)۔ اس رسالے میں انگریزوں کے خلاف سخت لہجہ اختیار کیا جاتا تھا۔ چوں کہ اس رسالے کا زیادہ اثر ہندوستان اور مصر پر پڑتا تھا اس لئے حکومت برطانیہ نے ان دونوں ملکوں میں اس کی درآمد ممنوع قرار دی اور جن لوگوں کے پاس اخبار پہنچتا تھا ان کو تشدد کا نشانہ بنایا (۳۵)۔ لیکن اس اخبار نے مختصر زمانۂ اشاعت میں عالمِ اسلام پر بڑا گہرا اثر کیا اور زوال پذیر مسلمان قوموں میں قومی جذبات کو بیدار کر دیا۔ اس زمانے میں ایک خیال تھا کہ اگر یہ اخباری جاری رہتا تو مسلمانوں میں ایک بغاوت پھیل جاتی (۳۶) یہ اخبار دراصل اسی نام کی ایک خفیہ تنظیم کا علم بردار بھی تھا، جو افغانی نے قائم کی تھی، اور جس میں ہندوستان، مصر شمالی افریقہ اور شام کے مسلمان شامل تھے۔ اس تنظیم کا مقصد یہ تھا کہ "مسلمانوں کو متحد کر کے ان کو خوابِ غفلت سے بیدار کرے، ان کو پیش آنے والے خطرات سے آگاہ کرے اور ان خطرات کا مقابلہ کرنے کے طریقے بتائے اور فی الفور مصر اور سوڈان کو برطانوی تسلط سے نجات دلائے (۳۷)۔ افغانی کی جدوجہد میں یہ ایک عقیدہ تھا کہ تنظیم ملت کے لئے ہر

ملک میں اخبار نویسی کو آلہ کار بنانا نہایت ضروری ہے۔ چنانچہ جب وہ مصر بدر ہو کر ہندوستان پہنچے اور عرصہ تک حیدرآباد دکن میں مقیم رہے تو اپنے خیالات کی ترویج و اشاعت کا ذریعہ انہوں نے رسالۂ معلم، اور 'معلم شفیق' کو بنایا اور ان میں مقالات لکھتے رہے۔ اس عرصے میں وہ اہلِ ہند کے حالات سے بخوبی واقف ہو چکے تھے، وہ جانتے تھے کہ ان کا شیرازۂ قوم کیوں بکھرا ہوا ہے، کمزوریاں کیا کیا ہیں اور ان کو کس طرح رفع کیا جا سکتا ہے۔ چنانچہ ان رسائل میں وہ مضامین لکھ کر ہندوستانی مسلمانوں کی توجہ ان امور کی طرف دلاتے رہے (۳۸)۔

ان کی شخصیت اور ان کی جدوجہد اس حد تک موثر تھی کہ ان کے مداح انہیں بہت بڑا مصلح اور محب وطن اور ان کے مخالف انہیں بے حد خطرناک شورش پسند سمجھتے تھے، ان کی مجموعی کوششوں کو ان کے اتحاد اسلامی کے پیغام میں دیکھا جا سکتا ہے۔ اس کا عملی اظہار افغانی نے مکہ معظمہ میں "ام القرای" کے نام سے ایک انجمن قائم کر کے بھی کرنا چاہا تھا، جس کا مقصد یہ تھا کہ پورے عالم اسلام کے لئے ایک خلیفہ مقرر کیا جائے۔ ابھی اس انجمن کو قائم ہوئے ایک ہی سال گزرا تھا کہ سلطان عبدالحمید نے اس کو ختم کر دیا۔ اپنے مقاصد کے اعتبار سے افغانی میں بے پناہ قوت کردار، وسیع علم و فضل، انتھک جوش عمل، بے مثال جرأت و بے باکی اور تقریر و تحریر میں غیر معمولی فصاحت تھی۔ وہ بیک وقت فلسفی، ادیب، خطیب اور صحافی تھے اور ان سب سے بڑھ کر سیاستدان تھے۔ ان کے عہد کے عالمِ اسلام کو مختلف النوع مسائل کا سامنا تھا۔ اس میں ہر ایک ملک کے مسائل مخصوص تھے۔ اور وہ وہاں کے مقامی حالات کے سبب تھے۔ بیشتر ممالک مغربی طاقتوں کے تسلط میں تھے لیکن ان طاقتوں کے اقتدار کا حلقہ اور ان کے تسلط کی نوعیت ہر ملک میں مختلف تھی اور وہاں کے سیاسی سماجی اور معاشی حالات و مسائل کا علاج بھی ان

کے مطابق ہی ہو سکتا تھا۔ اس لحاظ سے بہ حیثیت مجموعی جمال الدین افغانی کی تحریک اسلامی ممالک کی مشکلات کا حل پیش کرنے میں ناکام رہی اس کا حقیقی سبب یہی تھا کہ ایران کو مصر اور حجاز کو شام پر قیاس نہیں کیا جاسکتا تھا(۴۰)۔ پھر بھی ان کی تحریک کے مثبت اثرات اسلامی ممالک بالخصوص افغانستان، ہندوستان، ایران، مصر اور ترکی وغیرہ میں دیکھے جاسکتے ہیں، ان اثرات کے تحت نجد کی وہابی تحریک کو اپنے احاطے سے نکل کر دیگر اسلامی ممالک میں پھیلنے کی گنجائش مل گئی، اسی طرح تقریباً یہی حال سنوسی، بہائی اور دیگر تحریکوں کا بھی ہوا۔ افغانی کے سیاسی نظریات نہ صرف ان کے اپنے عہد میں بلکہ بیسویں صدی کے ربع اول میں ہندوستان کی مذہبی، سیاسی تحریکوں میں بھی قوت پیدا کرنے کا سبب ہوئے۔

افغانی نے ہندوستان کے پانچ سفر کئے تھے۔ پہلے چار سفروں کی تفصیلات معلوم نہیں یہ بہت مختصر مدت کے حامل تھے۔ پانچواں سفر انہوں نے ۱۹۷۹ء میں کیا اس مرتبہ ان کا قیام یہاں کم و بیش دو سال تک رہا(۴۱)۔ اس دوران ان کی توجہ زیادہ تر ہندوستان کے نوجوانوں کے خیالات کی اصلاح اور نشو و نما کی طرف رہی۔ اور یہی طبقہ ان سے زیادہ اثر پذیر بھی ہوا۔ علماء اور خواص کی جو حالت اس وقت تھی، افغانی اس سے مایوس ہو چکے تھے اور اس لئے وہ اپنی ساری قوت نئی نسل پر صرف کر رہے تھے (۴۲)۔ ہندوستان میں وہ سیاست سے بالکل علاحدہ رہے لیکن ہندوستانی مسلمانوں کے قومی مسائل ان کے پیش نظر رہتے تھے جنہیں وہ اپنے مضامین میں بیان کرتے۔ یہ مضامین وہ فارسی یا عربی میں لکھتے تھے لیکن ان کی مقبولیت کے سبب ان کا ترجمہ اُردو کے متعدد اخبارات اور رسائل میں شائع ہوتا تھا۔ "العروۃ الوثقیٰ" کے بیشتر مضامین بھی اردو میں ترجمہ ہوئے (۴۳)۔ اس زمانے میں جب کہ مصر میں لوگ اس جریدہ کا شمارہ پابندی کے سبب ڈاک سے وصول

کرتے ہوئے ڈرتے تھے (۴۴)۔ اس کو ہندوستان کے کئی مسلمانوں کی مالی امداد میسر تھی۔ ہندوستان میں ایک معتدبہ تعداد ایسے مسلمان طلبہ کی تھی جو اتحادِ اسلامی کے خیالات سے کامل اتفاق رکھتے تھے۔ یہ امور ہندوستان میں افغانی کی تحریک کی مقبولیت کو ظاہر کرتی تھی (۴۵)۔ افغانی کے خیالات ایک لحاظ سے مذہبی تعلیم کے رائج الوقت طریقے کے خلاف اور علمائے وقت سے برگشتہ تھے اور ایک اعتبار سے سید احمد خان کی تعلیمی تحریک کے بھی موافق نہ تھے، وہ مغربی علوم کی تحصیل کو مسلمانوں کو لئے ضروری سمجھتے تھے مگر اس طریقے سے نہیں جیسے سید احمد خان نے تجویز کیا تھا۔ سید احمد خان اور ان کی تعلیمی تحریک کے متعلق فغانی نے ہندوستان کے دورانِ قیام میں جو خیالات وقتاً فوقتاً ظاہر کئے ان سے معلوم ہوتا تھا کہ وہ نہ صرف سید احمد خان کی تعلیمی تحریک پر معترض تھے بلکہ ان کے مذہبی نظریات اور ان کے قومی اور سیاسی اصولوں کے بھی خلاف تھے (۴۶)۔

سید احمد خان کے بعد ہندوستان کی سیاست میں ایک دور ایسا بھی آیا جب ہندوستانی مسلمانوں کی ساری سیاست اسلامی ممالک کی سیاست اور وہاں کی تحریکوں کے متعلق ہو گئی۔ ایسی صورت حال میں یہ فطری امر تھا کہ ہندوستان میں جمال الدین افغانی کے خیالات عام ہوں اور سیاسی شعور اور بیداری کے پیدا کرنے میں اسلامی ممالک کی ان تحریکوں کا بھی حصہ ہو جو افغانی یا ان کے زیر اثر روبہ عمل تھیں۔ افغانی کے خیالات ان کے عہد کے ہندوستان میں کچھ زیادہ اثر انداز نہ ہو سکے لیکن انہیں بیسویں صدی کے ربع اول میں زیادہ مقبولیت حاصل ہوئی۔ اس ملت میں شبلی، ابو الکلام آزاد، مولانا محمد علی اور اقبال اتحاد اسلامی کے بڑے پکے حامیوں کی حیثیت سے اُبھرے۔ شبلی نے اپنی تحریروں اور شاعری کے ذریعے بر عظیم کے مسلمانوں میں دوسرے ممالک کے مسلمانوں کے

ساتھ بہت زیادہ ہمدردی پیدا کی۔ انھوں نے اپنے سفر مصر، روم اور شام کے دوران اسلامی ملکوں کے حالات کا بغور مشاہدہ کیا تھا۔ مصر میں ان کی ملاقاتیں محمد عبدہ سے ہوتی رہیں (۴۷)۔ انھیں کے توسط سے وہ افغانی سے بھی متاثر ہوئے اور غالباً ایک مرحلے پر افغانی کے اثر ہی نے انہیں سید احمد خاں سے بد ظن کر دیا(۴۸)۔ ابوالکلام آزاد اپنی زندگی کے ابتدائی دور ہی سے عالم اسلام کے مسائل سے پوری اور گہری دلچسپی لینے لگے تھے۔ ان کے مطالعے سے مصر کے علمی اور انقلابی رسائل اور اخبارات گزر چکے تھے (۴۹)۔ محمد عبدہ کی کتاب "التوحید" اور دیگر مضامین پڑھ چکے تھے۔ "المنار" میں تفسیر کا سلسلہ بھی جاری تھا۔ جو افغانی کے معتمد شاگرد و رشید رضا نکالتے تھے نئے قسم کی تاویلات کی بعض کتابیں بھی نظر سے گزر چکی تھیں۔ محمد عبدہ کے علاوہ دگر مشاہیر مصر و شام کے حالات سے بھی واقف تھی(۵۰)۔ انھوں نے اپنے اتحاد اسلامی کے جذبات کو ایک پر جوش خطبے میں بیان کیا(۵۱)، ان کا خیال تھا کہ جو تحریک صرف برا عظم تک محدود ہو وہ مقامی مسلم ملت کی کوئی خدمت نہیں کر سکتی۔ وہی تحریک کچھ مفید ہو سکتی ہے جو تمام دنیا کے مسلمانوں کو اپنے میں سمیٹ لے (۵۲) سید احمد خان اور علی گڑھ تحریک پر ان کی تنقید بھی دراصل افغانی کے زیر اثر تھی (۵۳)۔ مولانا محمد علی بھی اتحاد اسلامی کے بڑے موئید تھے۔ ان کی سیاست جہاں ایک طرف مادر وطن سے وابستہ تھی اور وہ مسلم ملت کی جداگانہ ہستی کو ابھرتی ہوئی ہندوستانی فوقیت میں ضم کر دینے کے حق میں نہیں تھے، وہاں وہ دوسری طرف اسلام کی عالمی امت کا بھی ایک جزو تھی۔ ان کا خیال تھا کہ ایک عالمی اسلامی اخوت دنیا کے تمام مذاہب کے تسلط سے مسلمانوں کو محفوظ رکھ سکتی ہے (۵۴)۔ اس زمانے میں اقبال کے دنیائے اسلام کے ناقابلِ تقسیم ہونے کے خیالات نے اتحادی اسلامی کی اس تحریک کو تقویت پہنچائی جو بر عظیم کے مسلمانوں میں

اب معروف ہو چکی تھی۔ اقبال کا خیال تھا کہ دراصل مسلمانوں کا کوئی خاص وطن نہیں ہے، جسے زمان و مکان میں محدود کیا جا سکے، انہوں نے جدید حالات کے مطابق ایک طرف عالم اسلامی کے لئے الہا وردی کے نظریات کے مطابق ایک مرکز پر بھی غور کیا(۵۵)۔ دوسرے انہوں نے افغانی کے تصور کو قبول کیا کہ مکہ معظمہ مذہبی اعتبار سے مسلمانوں کا مرکز رہے گا(۵۶)۔

جس سال افغانی کا انتقال ہوا ہے (۱۸۹۷ء) اس سال اقبال نے بی، اے کا امتحان پاس کیا تھا اور انہیں عربی اور انگریزی میں اعلیٰ استعداد پر دو طلائی تمغے دیئے گئے تھے اور ساتھ ہی فلسفے میں ایم، اے کرنے کے لئے تعلیمی وظیفہ بھی ملا تھا(۵۷)۔ اس وقت تک انہوں نے یقیناً افغانی کی تحریروں کا مطالعہ کیا ہو گا۔ وہ ہندوستان کے ان نوجوان مسلم طلبہ میں سے ایک تھے جنہوں نے انیسویں صدی کے اواخر میں افغانی کے افکار اور ان کے تحریک سے اثر قبول کیا تھا(۵۸)۔ اقبال نے اپنے نظامِ فکر میں جن سے فیض اٹھایا ہے ان کی فہرست طویل ہے۔ ان میں قرآن حکیم، حدیثِ قدسی کے علاوہ بہت سے قدیم و جدید اسلامی و مغربی مفکرین کے افکار اور ان کی تصانیف شامل ہیں، مشرق اور مغرب کے علوم کے امتزاج نے ان کو اپنے لئے ایک نئی اور مستقل راہ اختیار کرنے میں مدد دی۔ لیکن اس کے باوجود دراصل اقبال نے اپنی کی بنیاد اسلام کے قائد اور حکمائے اسلام کی حکمت پر رکھی ہے اور اس ضمن میں ان پر مولانا روم کا جو اثر ہے، وہ مثالی ہے۔ انہوں نے مولانا روم کی فکر و حکمت سے جو فیض اٹھایا ہے وہ کسی اور سے نہیں:

بیا کہ من زخم پیرِ روم آوردم
مے سخن کہ جواں تر ز بادۂ عنبی است

مولانا روم کے علاوہ اقبال نے عطار اور سنائی سے بھی استفاضہ کیا ہے۔ ان سے

عقیدت کی ایک خاص وجہ یہ تھی کہ سنائی اور عطار دونوں مولانا روم کے سلسلۂ اساتذہ میں ہیں اور ان کے خیالات کا بیشتر حصہ مثنوی معنوی میں شامل ہے۔ محمود شبستری کا نام بھی اسی حلقے سے منسلک ہے جس سے اقبال نے اکتساب روحانی کیا تھا۔ شبستری کی نظم "گلشنِ راز" تصوف کی معروف تصانیف میں سے ہے۔ اقبال نے اس نظم کا بڑا گہرا مطالعہ کی تھا، پھر اکے پیغام کو اساس بنا کر "گلشنِ راز جدید" کی صورت میں اپنے زمانے کے افکار پیش کئے ہیں۔ صرف اسلامی ہی نہیں بعض مغربی فلاسفہ ے بھی اقبال نے اثر قبول کیا تھا۔ اس سلسلے میں نطشے، برگساں، کانٹ وغیرہ کے نام نمایاں ہیں، اگر چہ وہ بہت حد تک مغربی فلسفے سے برگشتہ تھے، اس کے باوجود بعض مغربی فلاسفہ کے ساتھ ان کا کچھ معاملات میں اتحاد فکر و نظر تھا۔ انہوں نے مشرقی فلسفے و تصوف کو مغربی علم و حکمت کے معیار پر پرکھا۔ اور پھر ان کے مقابلے اور توازن سے ایک معتدل اور تابندہ فکری نظام کی تشکیل کی جس پر مغرب کے بجائے مشرق کا اثر زیادہ ہے، اس لحاظ سے اقبال کا فلسفہ قدیم مسلمان فلاسفہ کی حکمت و تعلیمات مبنی ہے لیکن اسے اقبال نے جدید زمانے کے تقاضوں اور تجربات کی روشنی میں مدون کیا ہے (۵۹)۔ اپنے سے قریبی عہد کے مسلمان مفکرین میں اقبال، افغانی کے بڑے مداح تھے۔ اپنی حکمت کے مطابق اقبال کو افغانی کے نظامِ فکر میں جو قدر مشترک نظر آتی تھی وہ ان کی اصلاح و تجدید کی مساعی تھیں۔ جو وہ اسلام کی روح کو اپنے زمانے کے تقاضوں اور ضرورتوں کے مطابق ڈھالنے کے لئے کرتے رہے۔ ان کے خیال میں افغانی اپنے زمانے میں مسلمانوں کی نشاۃ الثانیہ کے مؤسس (۶۰) اور اپنے عہد میں سب سے بڑے مشرقی بلکہ سب سے بڑے مسلمان تھے (۶۱)۔ وہ ماضی سے اپنا رشتہ منقطع کئے بغیر اسلام پر بحیثیت ایک نظامِ فکر، از سر نو غور کرنا چاہتے تھے۔ اس اعتبار سے وہ اسلام کی حیات ملی اور حیاتِ ذہنی کی تاریخ میں بڑی گہری بصیرت کے

ساتھ ساتھ مختلف النوع اقوام کی عادات وخصائل کا بہتر تجربہ بھی رکھتے تھے اور ان کا مطمحِ نظر بھی وسیع تھا(٦٢)۔ انھوں نے لکھا کم، کہا زیادہ اور اس طرح ان تمام لوگوں کو جو ان کے زیر اثر آئے، چھوٹے پیمانے پر جمال الدین بنا دیا۔ انھوں نے کبھی پیغمبر یا مجدد ہونے کا دعویٰ نہیں کیا، لیکن ان سے زیادہ کسی دوسرے فرد نے ہمارے دور میں خوابِ اسلام میں حرکت پیدا نہیں کی، ان کی روح آج بھی دنیائے اسلام میں کار فرما ہے اور کوئی نہیں بتا سکتا کہ اس کے اثرات کہاں تک جائیں (٦٣)۔

اقبال افغانی سے اس حد تک متاثر تھے کہ جب انھوں نے 'جاوید نامہ' میں ایک تصوراتی اسلامی مملکت کا خاکہ پیش کیا تو اس کے لئے انھوں نے افغانی کو اس کا ذریعۂ اظہار بنایا۔ اس میں افغانی کے بارے میں ان کے تاثرات کو ان اشعار میں دیکھا جا سکتا ہے۔

سید السادات مولینا جمال
زندہ از گفتار او سنگ و سفال
عالمے ور سینہ ماگم ہنوز
عالمے ور انتظام قم ہنوز
عالمے بے امتیاز خون و رنگ
شاما و روشن تر از صبح فرنگ
عالمِ پاک از سلاطین و عبید
چوں دل مومن کرانش ناپدید
عالمے رعنا کہ فیض یک نظر
تخم او افگند در جان عمرؓ
لایزال و وار داتش نو بنو

برگ و بار محکماتش نو بنو
باطن او از تغیر بے غمے
ظاہر اُد انقلاب ہر دمے
اندرون تست آں عالم نگر
می وہم از محکمات او خبر

(ترجمہ:

سید السادات مولانا جمال الدین جن کی گفتار سے پتھر میں بھی زندگی کی حرارت پیدا ہو جائے۔

وہ عالم (ترانی) جو ہمارے دلوں میں ابھی گم ہے، اظہار کا منتظر ہے۔

ایک ایسا عالم جہاں رنگ و خون کے امتیازات کا کوئی مقام نہیں ہے اس کی شام فرنگ کی صبح سے زیادہ روشن ہے۔

جو سلاطین اور غلاموں کے فرق سے پاس ہے اور مومن کے دل کی طرح بیکراں ہے۔

ایک ایسا دلنواز عالم جس کے فیض یک نظر نے جانِ عمرؓ میں (انقلاب کا بیج) بو دیا۔

اِس کی واردات لازوال اور اس کے محکمات کے برگ و بار ہر دم نئے ہیں۔

اس کا باطن بے تغیر اور کا ظاہر ہر دم ایک انقلاب

اس عالم کو اپنے اندرون میں دیکھ اس کے محکمات میں تجھے پتہ بتاتا ہوں۔)

لیکن اقبال کا خیال تھا کہ وہ اپنی زندگی صرف اسلام کو ایک مکمل ضابطۂ حیات ثابت کرنے میں صرف کر دیتے تو زیادہ بہتر تھا۔ اگر انہوں نے اس طرح کیا ہوتا تو آج ہم مسلمان اپنے پاؤں پر کہیں زیادہ مضبوطی سے کھڑے ہوتے (۶۴)۔ یہ خیال دراصل ان

دونوں شخصیات کے ذہن اور مزاج کے اس فرق کو ظاہر کرتا ہے جو ان دونوں کے درمیان محسوس ہوتا ہے لیکن یہ دونوں جس احساس اور جذبے سے بے چین رہے، وہ ایک تھا۔ ان کے مقاصد بھی ایک تھے لیکن طریقۂ کار مختلف تھا۔ اور یہ اختلاف اپنے اپنے ملکی حالات اور مسائل کے پیشِ نظر کچھ غیر یقینی بھی نہیں تھا۔

اقبال نے جس زمانے میں اپنا پیغام دیا وہ اس مختلف تھا کہ جس میں افغانی کو کام کرنا پڑا۔ جن اسلامی ممالک میں افغانی نے اپنی تحریک شروع کی وہاں مسلمانوں کا سیاسی اقتدار زوال پذیر تو تھا لیکن ان کی سیاسی حیثیت یکسر تبدیل نہیں ہوئی تھی۔ وہاں کے سیاسی ادارے ابھی اپنی زندگی کا اظہار کر رہے تھے۔ جب کہ ہندوستان میں اب یہ بات طے ہو چکی تھی کہ ایک عرصے تک مسلمانوں کو یہاں محکوم ہی رہنا ہو گا۔ صرف اس حد تک ضرور ہوا تھا کہ سید احمد خان کی کوششوں سے یہاں ایک ایسا طبقہ پیدا ہو چکا تھا جو عام مسلمانوں کی حالت میں اصلاح بھی چاہتا تھا اور خود اس قابل ہو چکا تھا کہ جدید تقاضوں کے مطابق عمل رہنمائی کر سکے۔ اس کے برعکس افغانی نے جن اسلامی ممالک میں کام کیا وہاں گو سامراجی طاقتیں اپنے اثرات اور اقتدار کو بڑھانے کے لئے ہر ممکن تدابیر اختیار کر رہی تھیں لیکن وہاں بالکل ہی سیاسی کایا پلٹ نہیں ہوئی تھی اور سیاسی، سماجی، تعلیمی اور فوجی اصلاحات کے لئے بعض اہم تحریکیں کام کر رہی تھیں (۶۵)۔ وہ ممالک ہندوستان کی طرح سیاسی طور پر بالکل ہی مفلوج نہیں ہوئے تھے، اس لئے وہاں اس قسم کی تحریکیں مفید اثرات قائم کرتی رہیں اور جب افغانی نے اپنی تحریک شروع کی تو انھیں ان تمام عناصر سے مدد ملی جو ان تحریکوں کے زیر اثر بار آور ہوئے تھے۔ افغانی نے ان تحریکوں اور ان سے پیدا شدہ اثرات کو زیادہ تقویت اور وسعت دی۔ اقبال نے جب اپنی شاعری شروع کی تو اس وقت کے ہندوستان میں یہ سمجھا جانے لگا تھا کہ یہاں مسلمان دوبارہ اپنی

حکومت قائم نہیں کر سکتے۔ بیسویں صدی کے اوائل میں ہندوستان کے مسلمانوں کو یقین ہو گیا تھا کہ برطانیہ کی حکمت عملی دنیائے اسلام کی آزادی کے خلاف ہے۔ انہیں اس کا بھی یقین ہو گیا تھا کہ یہ حکمت عملی در اصل ہندوستان پر برطانیہ کے تسلط کو تقویت پہنچانے کے لئے اختیار کی جارہی ہے۔ چنانچہ یہ خیال ان کے عقیدے میں شامل ہو گیا کہ ہندوستان کی آزادی سے دنیائے اسلام پر یہ دباؤ ختم ہو جائے گا کیوں کہ اس کے بعد کوئی وجہ باقی نہیں رہے گی کہ برطانیہ ان اسلامی ممالک پر قابض رہے گا جو خشک اور بنجر علاقو پر مشتمل ہے۔ بہر حال تیل کی دریافت سے قبل اس تجزیے میں صداقت کا عصر موجود تھا۔ اس لئے اس دوران اتحاد اسلامی کے جذبات اور انگریزوں کی حکومت کو ختم کر دینے کی خواہش مسلمانوں میں بہت شدت اختیار کر گئی۔ اس قسم کے جذبات اور خواہشات کا اظہار اقبال کی شاعری سے بہت نمایاں ہوا۔ تاریخ میں بہت کم شاعر ایسے ہوئے ہیں جنہوں نے اتنا گہرا اثر ڈالا ہو جتنا اقبال نے برعظیم کے مسلمانوں پر ڈالا۔ انہوں نے اپنی شاعری کی ابتداء ہندوستانی قوم پرستی کے جذبات سے کی، ہندوستان کی تعریف میں نظمیں لکھیں اور ہندو مسلم اتحاد کے خیالات پیش کئے۔

سارے جہاں سے اچھا ہندوستان ہمارا

یا

خاکِ وطن کا مجھ کر ہر ذرّہ دیوتا ہے

لیکن پختگی رائے کے بعد ان کے خیالات میں بڑا نمایاں انقلاب رونما ہوا اور انہوں نے ہر قسم کی قوم پرستی کی مذمت کی۔ انہوں نے اسے سب سے زیادہ تباہ کن اور مذہب کے منافی بتایا:

ان تازہ خداؤں میں بڑا سب سے وطن ہے

جو پیرہن اس کا ہے وہ مذہب کا کفن ہے

انہوں نے کہا کہ مسلمان قوم پرست نہیں ہو سکتا، خواہ اس کا وطن ایک مسلم ملک ہی کیوں نہ ہو۔ انہوں نے اس خیال کو بڑی شد و مد کے ساتھ پیش کیا کہ مسلم ملت زمان و مکان میں محدود نہیں ہے۔ اس لئے دنیائے اسلام کے ناقابل تقسیم ہونے کے نظریے پر زور دیتے ہوئے انہوں نے کہا کہ مسلمان اپنے آپ کو ترکوں، عربوں، ایرانیوں، افغانوں اور ہندوستانیوں میں تقسیم نہ کریں۔

امت مسلم ز آیات خدا است

اصلش از ہنگامۂ قالوبلیٰ است

در جہاں بانگ اذاں بود است و ہست

ملتِ اسلامیاں بود است و ہست

نیست از روم و عرب پیوند ما

نیست پابند نسب پیوند ما

تفریق ملل حکمت افرنگ کا مقصود

اسلام کا مقصود فقط ملت آدم

ہندوستان سے بڑھ کر اقبال نے جب دنیائے اسلام کی طرف نظر کی تو انہیں وہ بھی امراض میں مبتلا نظر آئی جن سے ہندوستانی مسلمان دوچار تھے۔ وہ ایسی ریاستوں میں تقسیم تھی جو غرضانہ جذبات رکھتی تھیں۔ بعض ریاستی نسلی وجوہ کی بنا پر معدوم ہو رہی تھیں۔ عربوں اور ترکوں کی باہمی عداوت بھی تکلیف دہ تھی۔ اقبال نے اپنا فرض سمجھا کہ مسلمانوں کو قوم پرستی اور نسل پروری کے خطرات سے آگاہ کریں۔ ان کے مطمح نظر میں ایک بڑی خصوصیت عمل پر ان کا اصرار تھا۔ وہ ایسے عقائد کے قابل نہیں تھے جو عملی

اظہار نہ کر سکیں۔ اقبال نے اسلام میں مذہبی فکر کی تشکیل جدید کی ضرورت پر بھی بہت زور دیا۔ مغربی تہذیب پر ان کی تنقید بھی بہت سخت تھی۔ اس تہذیب کی بنیادی کمزوریاں ان کی نظر میں تھیں۔ ہندوستان کے مسلمانوں کے ان جذبات کو جو انگریزوں کی حکومت کو ختم کر دینے سے متعلق تھے، اقبال نے ایک آزاد اسلامی ریاستی کے تصور میں ڈھال دیا۔

افکار و نظریات کے تعلق سے افغانی اور اقبال میں بہت کم فاصلے نظر آتے ہیں۔ افغانی کے علم و فضل پر ان کے سیاسی مشاغل نے اس حد تک پردہ ڈال دیا تھا کہ ان کا تبحر علمی نسبتاً کم محسوس ہوتا ہے۔ ان کا علم ویسے بہت وسیع تھا اور اپنے دور کے بیشتر علماء کے مقابلے میں وہ جدید علوم کے متعلق اپنی معلومات میں ہمیشہ اضافہ کرتے رہتے تھے (٦٦)۔ عقائد کے اعتبار سے حنفی اور حنفی مکتبۂ فکر سے تعلق رکھتے تھے۔ اگرچہ کورانہ تقلید کے خلاف تھے تاہم سنت صحیحہ کے اتباع میں کوئی پس و پیش نہ تھا۔ مذہب صوفیہ کی جانب قلبی میلان بھی رکھتے تھے (٦٧)۔ ان کے خیال میں اسلام ہی ایک ایسا مذہب ہے جس کی وساطت سے اقوام کو مسرت و شادمانی حاصل ہو سکتی ہے (٦٨)۔ یہی اقبال کا بھی نقطۂ نظر تھا۔ ان کے خیال میں بنی نوع انسان کے لئے اگر کوئی عالمگیر مذہب ہو سکتا ہے تو وہ اسلام ہی ہے اور اس میں دنیا کی تمام قوموں کی فلاح و بہبود اور نجات کا راز مضمر ہے۔ انہوں نے اپنا بلند ترین مطمح نظر قرآن حکیم کی تعلیمات کو قرار دیا۔ دنیا کے تمام مذاہب اور قوموں کو قرآن کی کسوٹی پر پرکھنے کے بعد وہ اس نتیجے پر پہنچے کہ قرآن ہی ایک ایسی کتاب ہے جو تمام دنیا کے انسانوں کو متحد کر سکتی ہے (٦٩)۔

افغانی اور اقبال دونوں کو پوری طرح ان مسائل کا احساس تھا جن سے سائنس اور فلسفے کی ترقی کے باعث اسلام کو دوچار ہونا پڑ رہا تھا۔ افغانی نے لکھا تھا کہ ہم اسلام کی

حفاظت کررہے ہیں۔ وہی مسلمان اسلام کے محافظ ہو سکتے ہیں جو علوم و معارف مختلفہ سے آشنا اور واقف ہوں (۷۰)۔ اقبال کے یہاں بھی یہی بات موجود ہے۔ انہوں نے ایسے علماء پر سخت تنقید کی ہے جو روح اسلام سے نا آشنا ہونے کے ساتھ ساتھ علوم و فنون اور زندگی کے حقائق سے بیگانہ ہیں اور وہ مدرسے میں وہی علوم پڑھتے ہیں، جو اب فرسودہ ہو چکے ہیں۔ اقبال کا یہ راسخ عقیدہ تھا کہ قرآن حکیم کی تعلیم محض کسی ایک زمانے اور ایک قوم کے لئے نہیں۔ ہر زمانہ جب اس اس میں غوطے لگائے گا تو اس کو نئے آبدار موتی ملیں گے (۷۱)۔ افغانی چاہتے تھے کہ مسلمان اپنے مذہب کی حفاظت اور خود اپنی بقا کے لئے سائنس کی طرف رجوع کرلیں اور اسلامی علوم میں صرف مدافعت کی طاقت پیدا کریں (۷۲)۔ تقریباً یہی خیالات اقبال بھی رکھتے تھے۔ انہوں نے کتاب اور حکمت دونوں کی ضرورت پر زور دیا ہے:

برگ و ساز ما کتاب و حکمت است
ایں دو قوت اعتبارِ ملت است

جس جدید مغربی تہذیب کا مشاہدہ انہیں اپنے قیام یورپ کے زمانے میں ہوا تھا اور جس کے دلدادہ ہمارے نوجوان ہوتے جارہے تھے، چونکہ اس کی بنیاد سائنس اور عقلی علوم پر رکھی گئی تھی، اس لئے تھوڑی بہت نئی تعلیم حاصل کرکے گمراہی اور مادہ پرستی میں مبتلا ہونے والے نوجوانوں کی اصلاح و تربیت کے لئے اقبال نے ضروری سمجھا کہ عقل و عشق کا موازنہ کرکے مدافعت کریں۔ ان کی نظر میں مذہب اور سائنس کے مابین کسی قسم کا اختلاف ممکن نہیں (۷۳)۔

افغانی مذہبی عقائد کے قائل نہیں تھے، انہوں نے لکھا ہے کہ "قوم کے مذہبی عقائد پہلی چیز ہیں جو لوگوں کو سکھانے چاہیں۔ لیکن یہ عقائد محض تقلید پر مبنی نہ ہونے

چاہیں بلکہ ان عقائد کی تائید میں ضروری دلائل و براہین کی تعلیم بھی ضروری ہے (۷۴)۔
ابتدائی دور میں اقبال تقلید کے قائل تھے۔ انہوں نے اپنے زمانے کے حالات کو مدِ نظر رکھتے ہوئے اجتہاد کے مقابلے پر تقلید کو ترجیح دی تھی:

نقش بر دل معنی توحید کن

چارۂ کار خود از تقلید کن

اس وقت مغربی اقوام کی یورش اپنے انتہائی عروج پر تھی۔ پہلی جنگِ عظیم کے بعد تمام اسلامی ممالک ان کے قبضۂ اقتدار میں تھے اور مسلمان ذہنی اور عملی طور پر مغرب کے غلام ہو چکے تھے۔ ایسے حالات میں اقبال نے اگر اجتہاد کا دروازہ بند رہنے کی تجویز پیش کی تو یقیناً ہم سمجھ سکتے ہیں کہ فتنۂ تاتار کے موقع پر اگر ایسا ہی فیصلہ کیا گیا تو حالات کو مدِّ نظر رکھتے ہوئے اس میں ایک گونہ مصلحت ضرور تھی (۷۵)۔ لیکن اقبال نے بعد میں اپنے اس خیال کو تبدیل کر لیا۔ ان کی نظر میں اجتہاد ایک ایسا عنصر ہے جو اسلام کی ہیئت ترکیبی کے اندر حرکت اور تغیر قائم رکھتا ہے (۷۶)۔ انہوں نے لکھا کہ قوائے انحطاط کے سد باب کا اگر کوئی ذریعہ فی الواقع موثر ہے تو یہ کہ معاشرے میں اس قسم کے افراد کی پرورش ہوتی رہے جو اپنی ذات اور خودی میں ڈوب جائیں، کیوں کہ ایسے افراد ہی ہیں جن پر زندگی کی گہرائیوں کا انکشاف ہوتا ہے اور ایسے ہی افراد وہ نئے نئے معیار پیش کرتے ہیں جن کی بدولت اس امر کا اندازہ ہونے ہونے لگتا ہے کہ ہمارا ماحول سرے سے ناقابلِ تغیر و تبدیل نہیں، اس میں اصلاح اور نشر ثانی کی گنجائش ہے (۷۷)۔

افغانی بھی اجتہاد پر بہت زور دیتے تھے۔ وہ چاہتے تھے کہ اسلام میں ایسی اصلاحات کر دی جائیں جن سے یہ زمانۂ حاضر کے تقاضوں کی تکمیل کر سکے۔ اس طرح مسلمانوں قومیں یورپی قوموں کے سہارے یا ان کی نقالی کے بغیر اپنے لئے ایک جدید اور شاندار

زندگی کا نظام تیار کر سکتی ہیں۔ ان کے نزدیک اسلام اپنے تمام لوازم میں ایک آفاقی مذہب ہے، جو اپنی داخلی روحانی قوت کی وجہ سے یقینی طور پر ایسی اہلیت رکھتا ہے کہ تمام بدلتے ہوئے حالات سے مطابقت پیدا کر سکے (۷۸)۔

مغربی تہذیب کا رد بھی ان دونوں میں مشترک صفت تھی۔ بلنٹ کے خیال میں افغانی اپنے خیالات میں پکے اور پوری طرح ایشیائی تھے اور آسانی کے ساتھ یورپی رسوم و عادات سے مانوس نہ ہوتے تھے (۷۸)۔ وہ اس لحاظ سے انفرادیت کے حامل تھے کہ اپنے اپنے زمانے نہ صرف دنیائے اسلام سے کماحقہ واقف تھے۔ بلکہ مغربی دنیا سے پوری واقفیت رکھتے تھے اور وہ پہلے مسلمان تھے جنہوں نے مغربی غلبے کے آنے والے خطرات کو اچھی طرح محسوس کر لیا تھا اور انہوں نے باقی عمر اسلامی دنیا کو اس خطرہ سے آگاہ کرنے اور مدافعت کرنے کے ذرائع معلوم کرنے میں صرف کر دی (۷۹)۔ ان کے جاری کردہ رسالے 'العروۃ الوثقیٰ' کا مقصد یہی تھا کہ مسلمان مغرب کی چیرہ دستیوں اور استحصال کا مقابلہ کرنے کے لئے اپنی قوتوں کو مجتمع کر لیں (۸۰)۔ مغربی تہذیب کا رد، اقبال کے یہاں زیادہ شدت اور بھرپور انداز سے نظر آتا ہے۔ انہوں نے قیام یورپ کے زمانے میں مغربی تہذیب کی بنیادی کمزوریوں اور اس کی لادینی اور اخلاقی قباحتوں کو دیکھا تھا۔ ان کے خیال میں اس تہذیب کا شعار انسانیت کی تباہی اور اس کا پیشہ تجارت ہے۔ مغربی تہذیب کے سبب دنیا میں امن و امان، خلوص اور پاکیزگی ممکن نہیں:

آہ یورپ زیں مقام آگاہ نیست
چشم او بنظر بنور اللہ نیست

او نداند از حلال و از حرام
حکمتش خام است و کارش ناتمام

امتے بر امتے دیگر چسرد
دانہ ایں می کارد آں حاصل برد
از ضعیفاں ناں وبودن حکمت است
از تن شاں جاں ربودن حکمت است

وہ بیان کرتے ہیں کہ یورپ میں علم و فن تو بہت عروج پر ہیں لیکن فی الحقیقت وہاں انسانیت کی اعلیٰ اقدار موجود نہیں۔ اس کی مادہ پرستی تمام چیزوں سے بڑھ کر ہے۔ وہاں زندگی محض تاجرانہ اہمیت رکھتی ہے۔ علم و حکمت، حکومت و سیاست، جس پر یورپ کو فخر ہے، محض دکھاوے کی ہیں۔ انسانیت کے ہمدرد انسانوں کا خون بہاتے ہیں لیکن بظاہر انسانی مساوات اور اجتماعی عدل کی تعلیم دیتے ہیں۔ بیکاری، عریانی، شراب نوشی اور بے مروتی ہی مغربی تہذیب کی خصوصیات ہیں:

یورپ میں بہت روشنی علم و ہنر ہے
حق یہ ہے کہ بے چشمۂ حیواں ہے یہ ظلمات
رعنائی تعمیر میں رونق میں صفا میں
گرجوں سے کہیں بڑھ کے ہیں بنکوں کی عمارات
ظاہر میں تجارت ہے حقیقت میں جوا ہے
سود ایک کا لاکھوں کے لئے مرگ مفاجات
یہ علم، یہ حکمت، یہ تدبر، یہ حکومت
پیتے ہیں لہو، دیتے ہیں تعلیم مساوات
بیکاری و عریانی، و میخواری و افلاس
کیا کم ہیں فرنگی مدنیت کے فتوحات

وہ قوم کہ فیضانِ سماوی سے ہو محروم
حد اس کے کمالات کی ہے برق و بخارات

مغرب کی مادی تہذیب اور اس کے پیدا کردہ مسائل کا تجزیہ کرتے ہوئے اقبال لکھتے ہیں کہ عصر حاضر کی ذہنی سرگرمیوں سے جو نتائج نکلے ہیں ان کے زیر اثر انسان کی روح مردہ ہو چکی ہے۔ اس کا وجود خود اپنی ذات سے متصادم ہے، اور سیاسی اعتبار سے افراد باہم دست و گریباں ہیں (۸۱)۔ وہ "جاوید نامہ" میں افغانی کی زبان سے کہتے ہیں کہ مغرب روحانی اقدار اور غیبی حقائق کو کھو کر روح کو شکم میں تلاش کر رہا ہے۔ حالاں کہ روح کی قوت و حیات کا، جسم سے کوئی تعلق نہیں لیکن اشتراکیت کی نظر جسم اور معدے سے آگے جاتی ہی نہیں اور زیادہ سے زیادہ مساواتِ شکم ہی تک سوتی ہے۔ اخوت انسانی کی تعمیر مادی و معاشی مساوات پر ممکن نہیں بلکہ اس کے لئے قلبی محبت انسانی اقدار اور معنوی و روحانی بنیادوں کی بھی ضرورت ہے:

غریباں گم کردہ اندر افلاک را
در شکم جوئید جانِ پاک را
رنگ و بو از تن نہ گیرد جان پاک
جز بہ تن کارے ندارد اشتراک
دین آں پیغمبر حق ناشناس
بر مساواتِ شکم دارد اساس
تا اخوت را مقام اندر دل است
بیخ او در دل نہ در آب و گل است

اقبال کے متعدد اشعار میں مغرب کی تہذیب اور نظریۂ حیات پر مخالفانہ مگر حکیمانہ

تنقید ملتی ہے۔ یہ موضوع ان کے بنیادی افکار میں سے ہے۔ مغرب کی جان ان کا یہ رویہ دراصل اسلامی معاشرے کی آزادی کے ساتھ مشروط تھا۔ ان کی بیشتر انقلابی نظمیں ۱۹۱۸ء اور ۱۹۳۸ء کے درمیان اس دور میں تخلیق ہوئیں جب زیادہ تر اسلامی ممالک مغربی استعمار کے چنگل سے نکلنے کی جدوجہد کر رہے تھے۔ مغرب کا انتہائی رد، اقبال کے فکر و عمل میں انگریزوں کی مخالفت، ہندوستان کی آزادی اور ایک آزاد اسلامی ریاست کے تصور میں ظاہر ہوا ہے۔

افغانی نے اپنے مطمحِ نظر میں تعلیمی اصلاح کو بھی قدرے جگہ دی تھی۔ ان کا خیال تھا کہ فی زمانہ مسلمانوں کی تعلیم کا طریقہ شروع سے آخر تک بگڑا ہوا ہے۔ ان کی کیفیت یہ ہے کہ صدریٰ اور شمس بارغہ پڑھ لیا اور خود کو حکیم سمجھنے لگے، حالاں کہ دائیں بائیں کا فرق نہ معلوم ہوا اور اتنی بھی صلاحیت پیدا نہ ہوئی کہ معلوم کریں کہ خود کیا ہیں کون ہیں اور ان کو دنیا میں کیا کرنا چاہئے کبھی بھولے سے نہ پوچھا کہ یہ تار برقی کیا ہے۔ یہ بخاری کشتی کیا چیز ہے، ریل کیسے بنتی ہے اور چلتی ہے۔ حکیم وہ ہے جو حوادث اجزائے عالم پر غور کرے نہ کہ اندھوں کی طرح راستہ چلے جن کو منزلِ مقصود سجھائی نہیں دیتی۔ کس قدر تعجب کا مقام ہے کہ مسلمان ان علوم کو جو ارسطو اور افلاطون سے منسوب ہیں، غایتِ رغبت کے ساتھ سیکھتے ہیں لیکن اگر گلیلو اور کپلر کے علوم کی جانب ان کی توجہ مبذول کرائی جائے تو اس کو کفر سمجھتے ہیں (۸۲)۔ افغانی اپنے خیالات کے اعتبار سے ایک طرف تو مذہبی تعلیم رائج الوقت طریقوں کے خلاف تھے تو دوسری طرف محض مغربی علوم کی تعلیم کو بھی مسلمانوں کے لئے موافق نہ سمجھتے تھے۔ انہوں نے قدیم نصاب اور نظام میں اصلاح کی ضرورت محسوس کی تھی۔ اقبال اگرچہ فنِ تعلیم کے ماہر نہیں تھے لیکن ایک فلسفی اور مفکر کی حیثیت سے انہوں نے ایک مخصوص طرزِ حیات اور مثالی معاشرے کا

تصور پیش کیا ہے۔ اس بنا پر تعلیم کا مسئلہ بھی ان کے نظام فکر میں شامل ہے۔ مغربی تہذیب و تمدن کی کم مایگی اور موجودہ نظام تعلیم کے نقائص اور مضمرات پر انہوں نے گہری نظر ڈالی تھی۔ وہ اس سے سخت نالاں تھے اور اپنی ناپسندیدگی کو انہوں نے مختلف پہلوؤں سے بیان کیا ہے:

مکتبہ از دے جذبۂ دیں در ربود
از وجودش ایں قدر دانم کہ بود
ہم سمجھتے تھے کہ لائے گی فراغت تعلیم
کیا خبر تھی کہ چلا آئے گا الحاد بھی ساتھ
مدرسہ عقل کو آزاد تو کرتا ہے مگر
چھوڑ جاتا ہے خیالات کو بے ربط و نظام
جب پیرِ فلک نے ورق ایام کا اُلٹا
آئی یہ صدا پاؤ گے تعلیم سے اعزاز
پانی نہ ملا زمزم ملت سے جو اس کو
پیدا ہیں نئی پود میں الحاد کے اندر

اقبال اس تعلیم کو، جس نے مسلمان اور نوجوانوں کی ذہنیت اور روحانی فطرت کو بدل دیا ہو، پسند نہیں کرتے تھے۔

اور یہ اہلِ کلیسا کا نظامِ تعلیم
ایک سازش ہے فقط دین و مروت کے خلاف
من آں علم و فراست با پر کاہے نمی گیرم
کہ از تیغ و سپہر بیگانہ ساز د مردِ غازی را

پڑھ لئے میں نے علوم شرق و غرب
روح میں باقی ہے اب تک درد و کرب

اقبال ناپختہ تعلیم اور اس سے اثر پذیری کی ذمہ داری محض نوجوانوں پر ہی نہیں ڈالتے بلکہ ان اساتذہ و علماء سے بھی نالاں ہیں جو خود تعلیم کا مقصد سمجھتے ہیں نہ علم میں غائر رکھتے ہیں۔

شیخ مکتب کم سواد و کم نظر!
از مقام اد نداد اُدرا خبر
شکایت ہے مجھے یارب خداوندِ مکتب سے
سبق شاہین بچوں کو دے رہے خاکبازی کا

اقبال نے جدید نظام تعلیم کی کمزوریوں اور خامیوں کو نشانہ بنایا تھا۔ انہوں نے تعلیم کے ذمے داروں اور ماہرین کو اس طرف متوجہ کرنے کی کوشش کی۔ ان کے خیال میں مغربی تعلیم نے نئی نسل کے حق میں بڑا قبیح جرم کیا ہے، وہ مدرسہ و خانقاہ دونوں سے بے زار نظر آتے ہیں۔ وہ بیان کرتے ہیں کہ ان میں نہ حکمت و بصیرت ہے، نہ فکر و نظر نہ زندگی کی چہل پہل اور نہ محبت کا جوش و خروش:

اٹھا میں مدرسہ و خانقاہ سے نمناک
نہ زندگی نہ محبت نہ معرفت نہ نگاہ

افغانی کی مجموعی فکر اور ان کے مقصد و مطمح نظر کا اظہار ان کے اتحاد اسلامی کے جذبات میں ہوا ہے انہوں نے دنیائے اسلام پر مغربی تسلط کو روکنے اور ختم کرنے کے لئے اور مسلم ممالک میں سیاسی استحکام پیدا کرنے کے لئے عالمِ اسلامی کے اتحاد پر زور دیا تھا۔ اس سلسلے میں انہوں نے ایک مسلم جمہوریہ کی بابت سوچا تھا، جس پر ایک خلیفۃ

المسلمین کا قطعی اور کلی اقتدار ہو۔ اقبال نے اس حد تک وسیع بنیادوں پر تو نہیں سوچا تھا لیکن اتحاد اسلامی اور کم از کم بر عظیم کے بعض مسلم اکثریتی صوبوں پر مشتمل ایک آزاد اسلامی ریاست ان کے تصور میں بھی شامل تھی (۸۳)۔ لیکن اس سلسلہ میں دراصل اقبال کچھ زیادہ آگے تھے۔ ان کا خیال تھا کہ مسلم ملت کو زمان و مکان میں محدود نہیں کیا جا سکتا۔ انہوں نے کہا کہ مسلمانوں کا کوئی خاص وطن نہیں ہے۔ مسلم ملت کے لئے جدید حالات کے مطابق انہوں نے ایک طرف المادردی کے نظریات کے مطابق ایک مرکز پر غور کیا اور دوسرے انہوں نے افغانی کی طرح اس تصور کو قبول کیا کہ مکہ معظمہ مذہبی اعتبار سے مسلمانوں کا مرکز رہے گا۔

ہم چناں آئین میلادِ اُمم
زندگی بر مرکزے آید بہم
حلقہ را مرکز چو جاں در پیکر است
خطِ اُو در نقطۂ اُو مضمر است
قوم را ربط و نظام از مرکزے
روزگارش را دوام از مرکزے
راز دار و راز ما بیت الحرام
سوزِ ما ہم ساز ما بیت الحرام
تو ز پیوندِ حریمے زندہ
تا طواف او کنی پایندہ
حرم جز قبلۂ قلب و نظر نیست
طواف او طواف بام و در نیست

(ترجمہ:

ملتوں کے ظہور کا قانون یہی ہے کہ اس کی زندگی ایک مرکز پر اکٹھا ہو جاتی ہے۔

دائرے کے لئے اس کا مرکز ایسے ہی ہے جیسے جسم کے لئے جان۔ دائرے کا محیط اس کے مرکز میں پوشیدہ ہے۔

اسی طرح قوم کے لئے ربط و نظام اور اس کا دوام مرکز پر منحصر ہے۔

بیت الحرام ہمارا راز دار بھی ہے اور راز بھی ہے۔

تری زندگی حرم سے وابستہ رہنے پر قائم ہے۔ جب تک تو اس کا طواف کرتا رہے گا۔ پائندہ رہے گا۔

حرم کا طواف محض بام و در کا طواف نہیں ہے بلکہ وہ قبلۂ قلب و نظر ہے۔)

فکر و نظر کی متعدد صفات دونوں مفکرین میں اس حد تک مشابہ ہیں کہ کہیں کہیں یکسانیت محسوس ہوتی ہے۔ ان دونوں نے دنیائے اسلام کے اس جمود کو دور کرنا چاہا جو اس کو زیادہ سے زیادہ انحطاط کی طرف لے جا رہا تھا۔ انہوں نے علماء کو تقلید جامد کی روایت سے نکالنے کی کوشش کی اور ان کی اجتہاد کی دعوت دی۔ انہوں نے اپنے پیغام سے قوم کو نہ صرف خواب گراں سے بیدار کیا بلکہ ان کو ایک ذہنی انقلاب سے بھی دوچار کر دیا۔ اس کام کو افغانی نے اپنے رسالے "العروۃ الوثقی" کے ذریعے اور اقبال نے اپنی شاعری کے ذریعے انجام دیا۔ دونوں علم و فن میں صحت مند اقدار کو اہمیت دیتے تھے۔ افغانی نے شعر اور شاعر کے متعلق جن اعلیٰ خیالات کا اظہار کیا ہے، وہ اقبال کی شاعری پر صادق آتے ہیں۔ اس بارے میں افغانی کا خیال تھا کہ:

"شاعرانہ طبیعت اور اس کی خاصیت بھی عجیب و غریب ہے جو بعض انسانوں میں پائی جاتی ہے۔ یہ ایک ایسی طبیعت ہے جو نادر معانی کو ظاہر کرتی اور ایسے جدید افکار کو

بیدار کرتی ہے کہ انسانوں کی عقلیں حیران رہ جاتی ہیں۔۔۔ یہ طبیعت بنی نوع انسان میں حکمت اور فلسفے کی ابتدائی نمود ہوتی ہے اور انسانی معاشرے کے لئے اولین داعی، جو تمدن کے اعتبار سے تدریجی ترقی کرتی رہتی ہے (۸۴)۔

مقصود ہنر سوز حیات ابدی ہے
یہ ایک نفس یا دو نفس مثل شرر کیا
شاعر کی نوا ہو کہ مغنی کا نفس ہو
جس سے چمن افسردہ ہو وہ باد سحر کیا
اے اہل نظر ذوق نظر خوب ہے لیکن
جو شے کی حقیقت کو نہ دیکھے وہ نظر کیا

اقبال چوں کہ ایک مصلح و مبلغ شاعر ہیں اس لئے شاعری اور فن میں ان کا زاویۂ نگاہ مقصدی اور افادی ہے:

سرود و شعر و سیاست کتاب و دین و ہنر
گہر ہیں ان کی گرہ میں تمام یک دانہ
ضمیر بندۂ خاکی سے ہے نمود ان کی
بلند تر ہے ستاروں سے ان کا کاشانہ
اگر خودی کی حفاظت کریں تو عین حیات
نہ کر سکیں تو سراپا فسون و افسانہ
ہوئی ہے زیر فلک امتوں کی رسوائی
خودی سے جب ادب و دین ہوئے ہیں بیگانہ
گر ہنر میں نہیں تعمیر خودی کا جوہر

وائے صورت گری و شاعری و نائے و سرود

اقبال کے خیال میں ہنر میں اس حد تک طاقت ہوتی ہے کہ وہ انقلاب بھی رونما کر سکتا ہے:

دریا متلاطم ہوں تری موج گہر سے
شرمندہ ہو فطرت ترے اعجاز ہنر سے

اقبال کی فکر میں بعض ایسی جہات بھی ہیں جن میں وہ افغانی کے زاویۂ نظر سے اختلاف کرتے ہیں۔ افغانی کی فکر اور تحریک دراصل مسلمانوں کے ہر ملک میں قومی اور جمہوری عناصر کو تقویت پہچانے کی ایک کوشش تھی۔ اس زمانے میں یورپ میں وطنی قومیت کا تصور ایک طرح کا سیاسی مذہب بن گیا تھا اور یورپ کی ہر طاقت ور قوم کی طاقت کا سرچشمہ وطن پرستی کے جذبات میں موجود تھا، لیکن وطنیت کا جو جواز افغانی کی فکر میں مبتلا ہے، وہ اقبال کے یہاں نہیں۔ کیوں کہ اقبال کے نزدیک اسلامی اتحاد بجائے خود ایک سیاسی وحدت ہے۔ ان کے خیال میں افغانی اتحاد اسلامی کے سب سے بڑے حامی اور مبلغ تھے، اسی لئے وہ عمر بھر کوشاں رہے، لیکن اگر وہ اپنی زندگی صرف اسلام کو ایک مکمل ضابطۂ حیات ثابت کرنے میں صرف کر دیتے، اگر انہوں نے ایسا کیا ہوتا تو آج مسلمان زیادہ مستحکم حالت میں ہوتے۔ لیکن یہ دراصل اقبال اور افغانی کی طبیعتوں اور مزاج کا فرق تھا۔ افغانی کی سیمابی طبیعت نے انہیں کبھی اس کی مہلت نہ دی کہ وہ ایک مرکز پر جم کر کام کرتے۔ اسی لئے وہ کسی اصلاحی کام کی تکمیل نہ کر سکے اور نہ ہی انہوں نے کوئی مستقل نظامِ تشکیل دیا چوں کہ عم طور پر کسی ملک میں بہ یک وقت دو چار مہینے یا ایک دو سال سے زیادہ قیام نہیں کر سکے اس لئے انہوں نے سرسری نگاہ اور محدود معلومات کی بنا پر انہیں افراد و اقوام کی نسبت فیصلہ کرنا پڑتا تھا۔ چناں چہ بعض اوقات شدید غلط فہمیوں

میں مبتلا ہو جاتے تھے (۸۵)۔ لیکن اس کے باوجود ان کی دعوت میں مسلمانوں کے لئے ایک کشش ہے۔ ان کا یہ امتیاز ہے کہ وہ ایشیا کی آزادی کے پہلے مجاہد ہیں جن کی بصیرت نے ایک اسلامی وحدت کی ضرورت محسوس کی۔ دنیائے اسلام میں افغانی کے بعد فی الحقیقت اقبال ہی کی شخصیت ہے، جس نے احیائے اسلام کے لئے نہ صرف ایک مربوط اور ٹھوس فکر کی تشکیل کی بلکہ عالمِ اسلام کی آزادی، خود مختاری اور بہتر مستقبل کی تعمیر کا واضح اور موثر پیغام دیا۔ (صحیفہ، جولائی اکتوبر ۱۹۷۷ء)

(ماخوذ از "اقبال اور عظیم شخصیات" مرتبہ طاہر تونسوی۔ ناشر: تخلیق مرکز ۳۳، اے شاہ عالم گیٹ، لاہور سنِ اشاعت: ۱۹۷۹ء)

حواشی:

ا۔ ان کی جائے پیدائش کے بارے میں اب تک کوئی حتمی رائے نہیں ہے۔ ایک خیال یہ ہے کہ آپ اسعد آباد کے مقام پر پیدا ہوئے، جو افغانستان میں کابل کے قریب واقع ہے۔ چالس سی آدم" اسلام اور تحریک تجدد مصر میں "اُردو ترجمہ عبد المجید سالک، (لاہور، ۱۹۵۸ء ص ۵، ایک دوسری رائے کے مطابق آپ ایران میں ہمدان نزدیک ایک اسی نام کے گاؤں میں پیدا ہوئے اور اپنے آپ کو ایرانی کے بجائے افغانی کہلانا اس لئے پسند کیا کہ اس طرح وہ عالم اسلام میں بآسانی ایک سنی کی حیثیت سے قبول کئے جاسکتے تھے اور دوسرے وہ حکومت ایران کی مشتبہ "حفاظت" سے دستبر دار ہونے کے خواہاں تھے کیوں کہ وہ اس کو اپنی سلامتی موثر ضمانت خیال نہ کرتے تھے۔ براون ای جی Persian revolution (کیمبرج، ۱۹۱۰ء ص ۴، نکی آکڈی Religion and rebellion in Iran (لندن ۱۹۶۶ء) ص ۱۶، اس سلسلہ میں قاضی عبدالغفار نے

نہایت مفصل بحث کی ہے اور دونوں آراء کی حمایت میں دلائل کو مجتمع کیا ہے۔ "آثار جمال الدین افغانی" (دہلی ۱۹۴۰ء) ص ۲۔۱۹، جہاں تک ان کے مسلک کا تعلق ہے بعض دلائل ان کے سنی العقیدہ ہونے کے بارے میں پیش کئے گئے ہیں، جیسے خود براؤن نے سند پیش کی ہے، تصنیف مذکور، ص ۴، و نیز عبد الغفار۔ ایضاً ص ۱۲۳، اور بعض افراد کا خیال ہے کہ دراصل وشیعہ عقائد رکھتے تھے۔ پی ہارڈی Partners in freedom and true muslims, The political thought of the muslim scholars in British, India, ۱۹۱۲-۱۹۴۷. (سوئیڈن، ۱۹۷۱ء، ص ۴۵، کیدوری نے اسی سلسلے میں خود افغانی کا قول نقل کیا ہے، تصنیف مذکورہ، ص ۷، ڈبلیو سی اسمتھ کے خیال میں وہ تھے تو سنی لیکن قربِ شیعیت کو اہمیت دیتے تھے۔ Islam in modern history (نیویارک، ۱۹۵۹ء) ص ۵۴۔

۲۔ تفصیلات کے لئے، عبد الغفار ص ۳۲، ۳۱۔

۳۔ ایضاً، ص ۳۷

۴۔ ایضاً، ص ۳۸، ۴۶

۵۔ ایضاً، ص ۴۷، ۵۳، ۵۹

۶۔ ایضاً ص ۶۵، ۶۶

۷۔ ایضاً ص ۸۱

۸۔ ایضاً ص ۸۲

۹۔ آدم، تصنیف مذکور، ص ۳

۱۰۔ اثرات کے لئے کینتھ کریگ Counsels in contemporary Islam (ایڈنبرا، ۱۹۶۵ء) ص ۳۳۔۳۴

۱۱۔ ابوالکلام آزاد "عظیم شخصیتیں "لاہور، تاریخ ندارد) ص ۸۷، "اردو دائرہ معارفِ اسلامیہ "جلد ہفتم (پنجاب یونیورسٹی، لاہور، ۱۹۷۱ء) ص ۳۷۴

۱۲۔ آدم، ص ۱۸۔۱۹

۱۳ افغانی "الرد علی الدہریین، اردو ترجمہ (لاہور۔ تاریخ ندارد) ص ۱۷۳۔۱۷۴

۱۴۔ افغانی اردو ترجمہ جابجا، ونیز جی۔ ای وان رنبام

" Islam,Essays in the nature and growth of a cultural tradition

(آکسفورڈ، ۹۶۹ء) ص ۱۸۷۔۱۸۸

۱۵۔ افغانی تصنیف مذکور، ص ۱۸۷۔۱۸۹

۱۶۔ نجلاء غرالدین "عرب دنیا" اردو تجمہ ڈاکٹر محمود حسین (لاہر۔ ۱۹۶۳) ص ۹۶ کچھ اسی قسم کا تجزیہ ایچ۔ اے۔ آر گب نے بھی کیا ہے " Studies on the civilization at Islam(آکسفورڈ، ۱۹۶۹ء) ص ۲۵۳، اس کی کچھ مثالیں "اردو دائرۂ معارف اسلامیہ "ص ۳۷۴، میں دی گئی ہیں۔

۱۷۔ کریگ، تصنیف مذکورہ، ص ۳۳، ان ممالک میں دیگر اعتقادی (Heterodox) مسلم ملک ایران بھی شامل تھا، گربنام، تصنیف مذکورہ، ص ۱۸۷۔

۱۸۔ آدم، ص ۱۸۔

۱۹۔ ای۔ آئی۔ جی روز نتھال" Islam in the modern national state"(کیمبرج، ۱۹۶۵ء) ص ۴۴

۲۰۔ افغانی مضامین جمالالدین افغانی "اُردو ترجمہ (لاہور، باردوم) ص ۷۱

۲۱۔ منقول، عبدالغفار، تصنیف مذکور، ص ۳۹۳

۲۲۔ آدم، تصنیف مذکوز، ص ۱۹

۲۳۔ اسمتھ، تصنیف مذکورہ، ص ۵۴۔۵۶

۲۴۔ گر بنام تصنیف مذکور، ص ۱۸۷

۲۵۔ براؤن، تصنیف مذکور۔ ص ۲۹

۲۶۔ براؤن، تصنیف مذکور۔ ص ۲۹

۲۷۔ آدم، تصنیف مذکورہ، ص ۵۴

۲۷۔ آدم، تصنیف مذکور، ص ۱۷

۲۸۔ افغانی کے ایک مکتوب کا اس سلسلے میں حوالہ ملتا ہے جو انھوں نے ایران کے مجتہد حاجی میرزا حسن شیرازی کو لکھا تھا۔ تفصیلات کے لئے براؤن ص۔ ۱۵۔ ۲۱ کڈی ص ۴۶ و بعدہٗ عبد الغفار ص ۲۴۵۔ ۲۵۱، جس سے متاثر ہو کر انہوں نے ایک فتویٰ جاری کر دیا، جو محض ان الفاظ پر مشتمل تھا" بسم اللہ الرحمن الرحیم آج سے تمباکو کا استعمال کسی صورت میں ہو، امام وقت سے بغاوت کرنے کے مترادف ہے۔" تمام علماء نے اسے شائع اور اس فتوے کی تعمیل اس قدر جلد ہوئی کہ تمام ملک میں تمباکو جہاں بھی ضائع کر دیا گیا، یہاں تک کہ شاہ کے استعمال کے لئے بھی کہیں سے تھوڑا سا تمباکو بھی نہ مل سکا۔ حکومت کو یہ اجارہ ختم کرنا پڑا۔ اس تحریک کا اختتام اس نتیجے پر ہوا کہ شاہ اور وزیراعظم قتل کر دیئے گئے اور بالآخر ایران کو ایک آئین مل گیا۔ براؤن ص ۱۵، کڈی، تصنیف مذکورہ، اس واقعے پر مبنی اہم دستاویزی شہادتوں کی حامل مفصل اور معلوماتی کتا ہے۔

۲۹۔ شریف المجاہد "Pan-Islamism" مشمولہ "A history of the freedom movement" جلد سوم، حصہ اول (کراچی، ۱۹۶۰ء) ص ۹۸

۳۰۔ برناڈ لیوبس " The emergence of modern

turkey، آکسفورڈ،۱۹۶۸ء ص ۲۰۸، ۲۳۲،۲۰۹، خالدہ ادیب خانم "ترکی میں مشرق و مغرب کی کشمکش، اردو ترجمہ (دہلی،۱۹۳۸ء) ص ۹۶، زیادہ بہتر تفصیلات کے لئے: مزل یلبین "سلطنت عثمانیہ کی انقلابی تحریکیں" (کراچی، ۱۹۷۳ء) ص ۱۰۵، ۱۱۷۔

۳۱۔ دی لوتسکی Modern history of the Arab countries (ماسکو،۱۹۶۹ء) ص ۲۰۲

۳۲۔ تفصیلات کے لئے عبد الغفار ص ۱۵۳،۱۴۸، و نیز سلفیہ اور پھر بعد میں اخوان المسلمین انہیں کی ذات کی مرہون منت ہے "اردو دائرہ معارف اسلامیہ "ص ۳۷۲۔

۳۳۔ ایضاً، ص ۱۷۰۔۱۷۵ یہاں خود افغانی کے خیالات نقل کئے گئے ہیں۔

۳۴۔ آدم، ص ۱۲، اردو دائرہ معارف اسلامیہ ص ۳۷۵

۳۵ ایضاً ہندوستان میں اس کی آمد بند تھی لیکن مختلف ذرائع سے یہ ہندوستان کے کئی قارئین تک پہنچتا تھا۔ عزیز احمد Islamic modernism in India and Pakistan (آکسفورڈ،۱۹۶۷ء) ص ۱۲۸۔

۳۶۔ آدم ص ۱۳

۳۷۔ رشید رضا "المنار لد ہشتم ص ۴۵۵ بحوالہ ایضاً، ص ۱۳ ح عروۃ الوثقیٰ، کے مصارف یہی تنظیم برداشت کرلی تھی۔ تھی۔ اردو دائرہ معارف اسلامیہ، ص ۳۷۵

۳۸۔ عبد الغفار نے ان مضامین کے کئی اقتباسات نقل کیے ہیں، ص ۱۳۱۔۱۴۸

۳۹۔ براؤن تصنیف مذکور، ص ۱۵

۴۰۔ خلیق احمد نظامی سید احمد خان اور سید جمال الدین افغانی "مشمولہ" تاریخی مخالات (دہلی،۱۹۶۶ء) ص ۲۷۶

۴۱۔ عبد الغفار، ص ۱۲۱ بعدہ شریف مجاہد نے یہ مدت تین سال تحریر کی ہے۔

تصنیف مذکور ص ۱۰۴

۴۲۔ عبد الغفار ص ۱۲۸

۴۳۔ ہم خصوصیت اخبار دار السلطنت کلکتہ اور مشیر قیصر لکھنو کے زیادہ شکر گزار ہیں افغانی ارشاداتِ جمال الدین افغانی اردو ترجمہ لاہور بر اول ص ۲۱۸

۴۴۔ ایضاً ص ۲۱۹

۴۵۔ شریف المجاہد تصنیف مذکور، ص ۱۰۵۔ ۱۰۴، شریف الدین پیرزادہ نے اس بارے میں بپن چندر پال کے بیانات اس کی تصانیف سے نقل کئے ہیں Evolution of Pakistan (لاہور ۱۹۶۳ء) ص ۴۳۔ ۴۲، و نیز تفصیلات کے لئے عبد الغفار ص ۱۲۴۔ ۱۴۸۔ انہیں نوجوان ایک برکت اللہ بھوپالی تھے، جو آگے چل کر تحریک ریشمی رومال تحریک خلافت اور تحریک آزادی کے مشہور انقلابی رہنما کی حیثیت سے ابھرے تفصیلات کے لئے: ایم عرفان "برکت اللہ بھوپالی" (بھوپال ۱۹۶۹ء) ص ۵۳۔ ۵۲

۴۶۔ تفصیلات کے لئے ایضاً ص ۱۴۶۔ ۱۴۲، سید جمال الدین افغانی اور ان کے خیالات و طریقے کار کا تفصیلی مطالعہ خلیق احمد نظامی نے تصنیف مذکورہ میں اور عزیز احمد نے اپنی تصنیف Studies in Islamic culture in the Indian environment. آکسفورڈ، ۱۹۶۴ء ص ۶۲۔ ۵۵، میں نہایت عمدہ تجزیے کے ساتھ پیش کیا ہے۔

۴۷۔ شبلی سفر امہ روم، مصر و شام (علی گڑھ اشاعت دوم) ص ۲۲۲۔ ۲۱۸

۴۸۔ شیخ محمد اکرام "یادگار شبلی (لاہور ۱۹۷۱ء) ص ۳۸۶ نیز لینی ایس مے The evolution of Indo muslim thought (لاہور، ۱۹۷۷ء) ص ۱۰۵۔

۴۹۔ ابو الکلام آزاد ابو الکلام کی کہانی خود ان کی زبانی مرتبہ عبد الرزاق ملیح آبادی

(لاہور، ۱۹۶۰ء) ص ۲۷۳

۵۰۔ ایضاً ص ۳۸۵۔ ۳۸۴ یہی مصنف "ہماری آزادی" اردو ترجمہ (بمبئی ۱۹۶۱ء) ص ۲۰۔۱۹

۵۱۔ ایضا! خطابِ ابوالکلام (لاہور۔ تاریخ ندارد) ص ۲۲۔ ۲۳

۵۲۔ ابوالکلام کی کہانی خود ان کی زبانی۔ مرتبہ عبدالرزاق ملیح آبادی

۵۳۔ عزیز احمد Islamic modernism ص ۱۲۹

۵۴۔ یعنی ایس اے The evolution ص ۲۰۱۔ ۲۰۰

۵۵۔ اقبال "خلافت اسلامیہ" مشمولہ "مقالات اقبال (لاہور ۱۹۶۳ء) مرتبہ عبد الواحد معینی ص ۹۴ وبعدہ

۵۶۔ اقبال Reconstruction of religious thought in Islam (لاہور ۱۹۵۱ء) ص ۱۴۵، ۱۵۴

۵۷۔ یعنی ایس اے Iqbal his life and times (لاہور، ۱۹۷۴ء) ص ۵۴۔ ۵۵

۵۸۔ جاوید اقبال، تعارف Stray reflections از اقبال (لاہور ۱۹۶۱ء) ص و نیز یہی مصنف "مے لالہ فام" (لاہور ۱۹۶۶ء) ص ۱۴۔ ۱۳

۵۹۔ اس تعلق سے ان کے تشریحی بیان کو ڈاکٹر نکلسن کے نام ان کے مکتوب میں دیکھا جا سکتا ہے، مشمولہ "اقبال نامہ" حصہ اول (لاہور، تاریخ ندارد) ص ۴۷۴، ۴۵۷ بالخصوص، ۴۷۴۔ ۴۷۳

۶۰۔ اقبال "اقبال نامہ" حصہ دوم (لاہور تاریخ ندارد) ص ۳۳۲۔ ۳۳۱

۶۱۔ بحوالہ ایس۔ اے واحد Glimpses (کراچی ۱۹۷۴ء) ص ۱۳۲

۶۲۔ اقبال reconstruction ص ۷۹

۶۳۔ اقبال "حرفِ اقبال" (لاہور ۱۹۵۵ء) ص ۱۴۹

۶۴۔ اقبال Reconstruction ص ۹۷

۶۵۔ ان کا ایک جامع اور سرسری جائزہ خلیق احمد نظامی نے کیا ہے، تصنیفِ مذکورہ ص ۲۷۳۔۲۷۱

۶۶۔ عبدالغفار، ص ۳۰۳

۶۷۔ محمد عبدہ "سید جمال الدین افغانی" مشمولہ "ردلچریت" اردو ترجمہ (لاہور تاریخ ندارد) ص ۳۰

۶۸۔ آدم، ص ۲۳۔ ۶۹۔ اقبال reconstruction، ص ۱۳، ونیز جابجا

۷۰۔ بحوالہ عبدالغفار ص ۱۳۷

۷۱۔ خلیفہ عبدالحکیم "اقبال اور ملا" (لاہور۔ تاریخ ندارد) ص ۵

۷۲۔ خلیق احمد نظامی، تصنیفِ مذکور، ص ۲۸۲ ونیز عبدالغفار، ص ۴۲

۷۳۔ اقبال reconstruction ص ۴۱ "گفتارِ اقبال" (لاہور، ۱۹۶۹ء) ص ۲۳

۷۴۔ آدم، ص ۲۲

۷۵۔ بشیر احمد ڈار "فکرِ اقبال مسئلہ اجتہاد" مشمولہ "مطالعہ اقبال" (لاہور، ۱۹۷۱ء) ص ۲۵۷

۷۶۔ اقبال reconstruction ص ۱۴۸

۷۷۔ ایضاً ونیز ترجمہ از نذیر نیازی (لاہور ۱۹۵۸ء) ص ۲۳۳

۷۸۔ ص ۱۹۔۱۸

۷۸۔ بحوالہ عبدالغفار ص ۳۰۵۔۷۔ ایضاً۔ ص ۸۰۳۰۹۔ تفصیلات کے لئے

: ایضاً ۱۷۵۔۱۷۰

۸۱۔ اقبال reconstruction ص ۱۸۷

۸۲۔ عبد الغفار ص ۱۳۶۔۱۳۴

۸۳۔ تفصیلات کے لئے خطبہ صدارت اجلاس مسلم لیگ۔ منعقدہ الہ آباد۔ ۱۹۳۰ء مشمولہ سید عبدالواحد Thought and Reflections of Iqbal (لاہور ۱۹۷۳ء) ص ۱۹۴۔۱۶۱

۸۴۔ افغانی "مقالات جمالیہ" (تہران ۱۳۱۳ھ) ص ۱۵۷۔ ۱۵۶ بحوالہ اختر جونا گڑھی "اقبال کا تنقیدی جائزہ" (کراچی ۱۹۵۵ء) ص ۶۴۔۶۳

۸۵۔ مثال کے طور پر ہندوستان کے دورانِ قیام میں انہوں نے سید احمد خان اور ان کی تحریک کے بارے میں جو باتیں کہی ہیں ان میں س بیشتر غلط فہمیوں پر مبنی ہیں جیسے ان کا خیال تھا کہ سید احمد خان مشرقی علوم کے دشمن ہیں اور اپنی ہر چیز کے مقابلے میں غیر ملکی چیز کو قبول کرنے کے لئے تیار ہیں۔ تفصیلات کے لئے عبد الغفار ص ۱۴۲۔۱۴۶ یا یہ کہ "انگریز نے احمد خان کے ساتھ احسان کیا۔ اور اس کے لڑکے محمود خان کو ہندوستان کے ایک چھوٹے سے قصبے میں میونسپل کمشنر بنا دیا" ارشاداتِ جمال الدین افغانی "ترجمہ (لاہور بار اول) ص ۱۹۱۔ یہ سارا مضمون اس تعلق سے قابل ملاحظہ ہے، اسی طرح افغانی کو ان کے مذہبی معتقدات اور رجحانات کے متعلق بھی بڑی غلط فہمی تھی۔ خلیق احمد نظامی نے اس خیال کی مناسب تردید کی ہے، تصنیف مذکور ص ۲۹۴۔۲۹۵

* * *

شاہین سید

مبارز الدین رفعت

اقبالؔ نے اپنے کلام میں صاحبِ کردار مردِ مومن کو "شاہین" سے تشبیہ دی ہے، یہ صرف شاعرانہ خیال آفرینی نہیں، بلکہ اسلامی فقر کی جتنی خصوصیات بتائی گئی ہیں۔ وہ سب کی سب اس میں پائی جاتی ہیں۔ اقبال نے ایک معترض کے جواب میں شاہین کی پانچ خصوصیات یہ ہے کہ وہ بلند پرواز ہوتا ہے، دوسری خصوصیت یہ کہ وہ کبھی اپنا آشیانہ نہیں بناتا تیسرے یہ وہ دوسروں کا مارا ہوا شکار نہیں کھاتا۔ چوتھی خصوصیت یہ کہ اپنے شکار سے کل کے لئے کچھ اٹھا نہیں رکھتا، اور پانچویں خصوصیت یہ کہ کم آمیز ہوتا ہے۔ یہی پانچ صفات اسلامی فقر کا خلاصہ ہیں۔

اس تعریف کے لحاظ سے گزشتہ صدی میں دنیائے اسلام نے جتنی بڑی شخصیتیں پیدا کی ہیں ان میں غالباً شاہین کہلانے کے سب سے زیادہ مستحق علامہ جمال الدین افغانی کی ذاتِ گرامی ہے۔ ان کی زندگی شاہین زادگی کی ایک مفصل شرح کے سوا اور کچھ نہیں۔ شاہین کی اولین خصوصیت اس کی بلند پرواز ہے افغانی کی بلند پروازی سے کس کو ان کار ہو گا؟ وہ شخص جس نے اپنی دور اندیشی سے غائر نظری سے کام لے کر امت اسلامیہ کو اپنی طویل خواب غفلت سے جگایا جو اسلامی ممالک میں ایک سرے سے دوسرے تک ہدایت کی مشعل لئے پھرتا رہا، جس نے ایران، مصر، ترکی میں سیاسی

انقلاب برپا کر دیا۔ جس کی تعلیمات نے دنیائے اسلام کو جدید زمانے سے اپنے آپ کو ہم آہنگ بنانے پر آمادہ و تیار کر دیا جس نے اتحادِ اسلام کا نعرہ لگایا اور روئے زمین کے مسلمانوں کو کلمۂ حق کے جھنڈے تلے مجتمع کرنے کی کوشش کی، جس کے درد مند خطبوں نے عہد رسالت صلعم کی یاد تازہ کر دی۔ اور جس کے نالۂ صبح گاہی نے دور صحابہؓ کو زندہ کر دیا!

سید شاہین تھا، اس لئے بلند پرواز تھا

اس کی نظر اس سے زیادہ اہم، اس سے زیادہ وقیع مسائل پر پڑتی تھی۔ ہر شخص سوال کرتا تھا، آپ کا مذہب کیا ہے، اس کا شاہین کے پاس ایک ہی جواب تھا۔ "مسلمانم" (مسلمان ہوں) اور سنیئے:

"روزی در مجلسِ درسِ یکی از علمائے تسنن صاحب مجلس از سید مرحوم پرسیده بود که درچه عقیده می باشی۔ فرموده بود "مسلمانم" صاحب مجلس دوباره پر سید بود "از کدام طریقت" سید فرموده بود" کسی رابزرگتر از خود نمی دانم که طریقت اور اقبول نمایم!"

ترجمہ:

ایک دن علمائے تنس کی ایک مجلس میں صاحب مجلس نے سید مرحوم سے دریافت کیا کہ "آپ کا عقیدہ کیا ہے ؟" فرمایا: "مسلمان ہوں" صاحب مجلس نے دوبارہ دریافت کیا" کس راہِ طریقت پر ؟" سید نے فرمایا" کسی کو اپنے سے بڑا بزرگ نہیں سمجھتا کہ اس کی راہِ طریقت قبول کروں۔"

شاہین کی دوسری خصوصیت یہ ہے کہ وہ اپنا آشیانہ کبھی نہیں بناتا، جمال الدین نے کسی ملک کو اپنا ملک نہیں کہا، ہر ملک ملک ماست کہ ملکِ خدائے ماست، ہر سلامی ملک ان کا اپنا ملک تھا، اور تو اور آج تک بھی دنیا یہ فیصلہ نہ کر سکی کہ وہ افغانی تھے یا ایرانی ؟ ہاں، نہ

وہ ایرانی تھے نہ افغانی، کیوں

مرد حُر بیگانہ باشد از ہر قید و بند

ترجمہ: مردِ حر ہر قید و بند سے آزاد ہوتا ہے

اسلامی ممالک میں جہاں کہیں وہ اپنی ضرورت محسوس کرتے، اسلام کو جہاں کہیں ا ن کی خدمات کی ضرورت ہوتی، وہاں پہنچ جاتے، افغانستان، ہندوستان، ایران، مصر اور ترکی یہ تو خیر اسلامی ممالک تھے ہی، روس، انگلستان، فرانس اور ایک روایت کی رو سے امریکہ تک، رقیبوں کے کوچوں میں وہ "نقش پا" کے سجدے کے سلسلے میں سر کے بل گئے، سر سید، سعد زاغلول، مصطفی کمال نے صرف اپنی قوم کے اصلاح کا بیڑا اٹھایا، یہ سعادت صرف شاہین سید کے نصیب میں لکھی تھی کہ وہ پوری دنیائے اسلام کی خدمت کا بیڑا اٹھائے۔ جغرافی حدود کے اندر لا محدود قومیت شاہین کے سد راہ نہ تھی!

شاہین سید نے نہ تو کہیں اپنا آشیانہ بنایا ور نہ اس آشیانے کے لئے کسی ہم جنس کو ڈھونڈا۔ سلطان عبد الحمید خان کے اس پیش کش کا کہ وہ ان کے خاندان میں کسی سے شادی کر لیں، یہ جواب تھا۔

"سلطان می خواہد کہ من زنکنم، من زن می خواہم چہ کنم؟ من دنیائے بایں خوبی وایں بزرگی رابزنی نگرفتہ ام!"

ترجمہ: سلطان چاہتے تھے کہ میں شادی کر لو، میں شادی کر کے کیا کروں گا؟ میں نے دنیا کو اس خوبی اور بزرگی کے ساتھ عورت کے ساتھ قبول نہیں کیا ہے؟۔"

آپ جانتے ہیں، شاہین کی ایک اور خصوصیت یہ ہے کہ وہ دوسروں کا شکار نہیں کھاتا، سید چاہتے تو بادشاہوں سے کافی مال و دولت اینٹھ سکتے تھے، اور بڑے سے بڑا دنیوی منصب پاسکتے تھے، لیکن شاہین کو اس کی ہوس نہیں ہوتی ایسا کرنا اس کی پرواز میں کوتاہی

لاتا، اور ایسا رزق اس کی موت کا باعث ہوتا ہے مصر سے انتہائی بے سر و سامانی کے عالم میں اخراج عمل میں آیا ہے، جیب میں ایک پھوٹی کوڑی نہیں، ایرانی سفیر مصر نے ایک ہزار گنی پیش کئے ہیں کہ "فی الحال اسے قبول کیجئے" شاہین بھلا اسے کیسے قبول کر سکتا، دیا:۔

"شیر جہاں کہیں اتا ہے اپنا شکار آپ مہیا کر لیا ہے!"

میونخ میں ناصر الدین شاہ قاچار سے ملنے کے بعد ایک خطیر رقم اور الماس کی انگشتری تحفۃً شاہ نے انھیں بھیجی، دونوں چیزیں لینے سے انکار کرتے رہے، پھر جن کے پاس ٹھیرے ہوئے تھے، انھوں نے بہت اصرار کیا تو رقم تو بہر حال واپس کر دی، اور چلتے ہوئے انگشتری بھی ان کے بیٹے کے نذر کر دی!

شاہین اپنے شکار میں سے کل کے لئے کچھ اٹھا کر نہیں رکھتا، جو کچھ موجود ہوتا ہے کھالیتا ہے، کھلا دیتا ہے، لٹا دیتا ہے۔

ترجمہ: "سید دربارۂ مہمانان و مسافران ہمیشہ جوانمردی و سخا نشان می داد، وہریکی رابفراخور قدر و مرتبہ نوازش می کرد، فقراء و ضعفاء را پول می داد و اغنیاء و بنجارا بہ سماط نشاند ودر وقت خوردن طعام با مسافراں اغلب بہ ایں وآں کردہ می گفت، "تفضل، تفضل، بخورید کہ ایں مائدۂ سلطانی است، چشیدن آں ثواب است، "اما خود قناعت باچند لقمۂ سبزی یاترشی می کرد"۔

سید نے مہمانوں اور مسافروں کے ساتھ جواں مردی اور سخاوت کا مظاہرہ کیا، اور ہر ایک کے ساتھ جس حد تک ممکن ہو سکے قدر افزائی اور مرتبہ نوازی کرتے رہے، فقرا اورت ضعفا کو روپیہ پیسہ عنایت کیا اور غنی اور نجیب لوگوں کی فرش قالین پر تواضع کی اور کھانے پر بیٹھتے وقت مسافروں کو ساتھ بٹھلاتے اور ہر ایک سے مخاطب ہو کر کہتے "اچھی

طرح نوشِ جاں فرمایئے یہ سلطان کا دستر خوان ہے اور اس کا کھانا کارِ ثواب ہے لیکن خود کسی سبزی کے یا کسی ترشی کے چند لقموں پر قناعت کرتے۔

اسباب دنیوی میں سے اس کے پاس کیا تھا، سنیئے۔

"غیر از دو دست لباس فاخر و یک کتب خانۂ مہم (۱۲ صندوق شتری)

از اسبابِ دنیا چیزے دیگرے نداشتہ، وبقولِ خودش در پیراہن آں اسراف می نمودہ!"

ترجمہ:

کپڑوں کے دو جوڑوں ار کتب خانہ کے اسباب دنیا سے کوئی چیز نہ رکھتے تھے کہ اس ے زیادہ کو اسراف خیال کرتے۔

لیکن یہ رہبانیت نہ تھی، جوگی بننا اور دھونی رمانانہ تھا، بارہا خود کہتے تھے،

"دو نوعِ فلسفہ در دنیا ہست، یکے آں کہ، ہیچ چیز در دنیا مال مانیست و قناعت بہ یک خرقہ و یک لقمہ باید کرد، و دیگر آں کہ ہمہ چیز ہائے خوب و مرغوب دنیا مال ماست، و باید مال ما باشد، ایں دویمی خوب است، ایں دویمی را باید شعار خود ساخت، نہ اولیٰ کہ بہ پشیزی نمی ارزد!"

ترجمہ:

دنیا میں دو طرح کے فلسفے ہیں، ایک یہ کہ دنیا میں کوئی چیز بھی ہماری نہیں ہے اور ایک لباس اور لقمہ پر قناعت کر لینی چاہیے، دوسرا فلسفہ یہ ہے کہ دنیا کی ساری خوب و مرغوب چیزیں ہمارا مال ہے اور ہمارا مال ہی رہنا چاہے، یہ دونوں فلسفیہ خوب ہیں، ان دونوں کو اپنا شکار بنالیا چاہے، نہ کہ صرف پہلا فلسفہ کہ ہر چیز حقیر شمار کلی جائے۔

شاہیں کم آمیز ہوتا ہے، سید شاہین تھا، کم آمیز تھا، کہیں پڑھا ہے آپ نے کہ سید کی

خدمت میں فلاں شہر کے لوگوں نے سپاس نامہ پیش کیا، فلاں ملک میں ان کا شاہانہ استقبال کیا گیا، جلوس نکالے گئے، ہاتھی پر نہ سہی، موٹر پر، گھوڑے پر، اونٹ پر! اپنے لئے وہ کس سے ملا، کس کی خوشامد کی، کس کے آگے ہاتھ جوڑے کس کی شان میں قصیدہ سے نہیں نظم ہی لکھ دی ہو! ہاں اسلام کے لئے اپنے مقصد حیات کے لئے، وہ گداؤں سے لے کر شاہوں سے ملا، اسلام کے لئے مسلمانوں کے حقوق کے لئے سب سے لڑتا جھگڑتا، عاجزی اور منت سماجت کرتا پھرا، اس مقصد کے لئے عوام سے، خواص سے، علماء سے، طلبا، سے، امیروں اور عہدہ داروں سے، وزیروں سے بادشاہوں سے، سب سے ملتا رہا، غرض۔۔۔

کہاں کہاں ترا عاشق تجھے پکار آیا!

یہ سب کچھ تو تھا اسلام کے لئے کیا تھا، جلوت میں، خلوت، حضور میں غیب، اور غیب میں لذت!

ان کی جلوت تو پورے مسئلہ شرق کی تاریخ ہے، لیکن ان کی خلوت گزینی اور کم آمیزی کا بھی حال آپ کو کچھ معلوم ہے؟ وہ خلوت گزینی جس کے متعلق خود انھی کی زبان سے اقبال نے ادا کرایا ہے ۔

مصطفیٰ اندر حرا خلوت گزید
مدتی جز خویشتن کس راندید
گرچہ داری جان روشن جوں کلیم
ہست افکار تو بے خلوت عقیم
از کم آمیزی تخیل زندہ تر،
زندہ تر جوئندہ تر تابندہ تر!

ترجمہ:

مصطفی صلی اللہ علیہ وسلم نے حرا اس خلوت گری فرمائی اور ایک مدت تک سوائے اپنے کے کسی اور کو نہ دیکھا۔

اگرچہ تو اپنی جان (روح) کو قتل کلیمؑ روشن کرے (لیکن) بغیر خلوت تیرے افکار بانجھ ہی اس گے۔

کم آفیری سے تخیل زندہ تر ہوتا کم ہے بلکہ صرف زندہ تر ہی نہیں جوئندہ تر (ڈھونڈنے والا) اور تابندہ تر (زیادہ چمکنے والا ہو جاتا ہے)۔

آیئے ان کی خلوت گرینی اور شب زندہ داری کا بھی نظارہ کیجئے:

"سید جمال الدین افغانی تمامی ماہ رمضان در اسلامبول سراسر روزہ دار بود، وشب زندہ دار۔ وشب ہارا بسجود، بجائے از کار وعبادات و مذاکرات علمی فلسفی با آشنایان و ادباء و فضلاء ورجال سیاسی شرقی در مہمان خانۂ سلطان بسر می برد۔۔۔ در چنیں شب ہا گاہی بے ہیچ مقدمہ روی بہ شخص علی الاطلاق یا بہ قرقہ پوشی از میان مہماناں کردہ از سر شوخی می گفت: "ای درویشِ فانی! از چہ می اندیشی، برد، نہ از سلطان بہ ترس نہ از شیطان!"

ترجمہ:

سید جمال الدین رمضان بھر اسلامبول (استنبول) میں روزہ رکھتے تھے اور شب زدہ داری میں راتوں میں سجود اور عبادات سے زیادہ مذاکرات علمی و فلسفیانہ میں واقف کاروں ادیبوں اور فاضلوں کے ساتھ بسر کرتے اور سیاسی فکر و تدبر رکھنے والے اصحاب گرامی کے ساتھ سلطان کے مہمان خانے میں بسر کرتے۔ ایسی ہی راتوں میں کبھی مہمانوں میں سے کسی خرقہ پوش سے بہ طور شوخی مخاطب ہو کر کہتے۔ "اے درویشِ خالی کیوں کسی سے ڈرتا ہے؟ کسی سلطان سے ڈر نہ کسی شیطان سے۔"

اور وہ اپنی زندگی میں مذہب کے اصولوں ہی کا نہیں، جزئیات تک کا پابند تھا! اور سچ پوچھئے تو سچا اور پکا صوفی تھا!

"سید جمال الدین باوجود اشتن یک مشرق فلسفی علی رغم جزی تمایش در ظاہر بہ طریقت صوفیہ، سالک مذہب حنفی بود، و اہتمام شدید بہ ادائی فرائض مذہبیہ داشت۔ چنانچہ شیخ محمد عبدہٗ خود می گوید "ھو اشد من رایت فی المحافظۃ علی اصول مذہبۃ و فروعۃ"

ترجمہ:

سید جمال الدین اپنا ایک مشرب رکھنے کے باوجود چند جزئیات کو چھوڑ کر صوفیہ کے طریقے پر چلتے ہوئے۔ مسلکِ حنفیہ کے پابند تھے اور فرائض مذہبیہ کی ادائیگی میں شدید اہتمام کرتے۔ جیسا کہ محمد عبدہٗ نے کہا ہے۔ "وہ مذہب کے اصول و فرع دونوں کے حفاظت میں اشد تھے۔"

(ماخوذ از مقام جمال الدین افغانی۔ مرتب: مبارز الدین رفعت۔ مطبوعہ: نفیس اکیڈیمی حیدر آباد دکن۔)

***

جمال الدین افغانی اور اقبال

ڈاکٹر محمد ریاض

سید جمال الدین اسد آبادی افغانی انیسویں صدی عیسوی کے صف اول کے با اثر مسلمان زعما میں سے تھے۔ علامہ اقبال نے ان کی مساعی و نظریات کا بڑا اثر قبول کیا ہے۔ علامہ مرحوم نے اپنی تصانیف اور بیانات میں افغانی کا کئی بار ذکر کیا اور ان کی متنوع اور انقلابی خدمات کو سراہا ہے۔ "بمبئی کرانیکل" کے ایک نمائندے کو انٹرویو دیتے ہوئے انہوں نے پین اسلامزم کی اصلاح سے بحث کی اور افغانی کی اس فکر صائب کو سراہا کہ افغانستان، ایران اور ترکی کو برطانیہ کے استعماری عزائم کے خلاف متحد ہو جانا چاہئے (۱)۔ اپنے انگریزی خطبات میں علامہ نے ایک جگہ افغانی کی تحریک اتحاد عالم اسلامی کی طرف ضمنی اشارہ کیا اور اسی کتاب کے چوتھے خطبے "انسانی انا، اس کی حریت اور باقا" میں فرمایا ہے: "ہمارا فرض ہے کہ ماضی سے اپنا رشتہ توڑے بغیر اسلام پر بحیثیت ایک نظام فکر کے دوبارہ غور کریں۔ بظاہر شاہ ولی اللہ دہلوی نے سب سے پہلے بیداریِ روح کا احساس دلایا مگر اس کام کی اہمیت کا اندازہ سید جمال الدین افغانی کو تھا جو اسلام کی ملی حیات اور ذہنی تاریخ میں عمیق نظر رکھنے کے علاوہ انسانی عادات و خصائل کا بے نظیر تجربہ رکھتے تھے۔ ان کی نظر میں بری وسعت تھی اس لئے ان کی ذات ماضی اور مستقبل کے درمیان ایک زندہ رابطہ بن سکتی تھی۔ اگر ان کی عدیم النظیر صلاحیتیں اس کا (اسلامی اجتہاد) کی خاطر

وقف ہوتیں اور وہ اسلامی علم و عمل کی قوتوں کو مزید نمایاں کر لیتے، تو ہم مسلمان آج فکری طور پر اپنے پاؤں پر کھڑے ہونے کے قابل ہو سکتے تھے۔"(۲)

اقبال کے دوسرے بیان میں بھی افغانی کا ارادت مندانہ ذکر ملتا ہے۔ ۱۹۳۴ء۔ ۱۹۳۵ء میں انہوں نے احمدیت اور قادیانیت کے بارے میں چند بیانات دیئے۔ عجیب بات ہے کہ آنجہانی پنڈت جواہر لعل نہرو بھی اپنے خاص مقاصد کے تحت اس معاملے میں دلچسپی لے رہے تھے۔ پنڈت جی کے ایک بیان کے جواب میں علامہ نے تجدید دی کے موضوع پر گفتگو فرمائی اور متاخر مسلمان مصلحین کا ذکر کیا۔ آپ نے شیخ محمد بن عبد الوہاب نجدی، سر سید احمد خاں، مفتی عالم جان، سید جمال الدین افغانی اور مفتی شیخ محمد عبدہ کے بارے میں فرمایا کہ یہی وہ لوگ ہیں جنہوں نے مسلمانوں کو مذہبی اور روحانی پیشوائیت کے دعویداروں کے ہاتھوں اور ملوکیت کے چنگل سے نجات پانے کی راہ بتائی اور ان ہی کی مساعی کے نتیجے میں سعد زاغلول پاشا، مصطفی کمال پاشا اتاترک اور شہنشاہ رضا شاہ پہلوی کی اصلاحات ممکن ہو سکی ہیں۔ اس سیاق میں آپ فرماتے ہیں:" قدرت خداوندی کے انداز بھی حیرت انگیز ہیں دینی فکر و عمل کے لحاظ سے موجودہ دور کا سب سے ترقی یافتہ مسلمان افغانستان میں پیدا ہوتا ہے۔۔۔" مولانا سید جمال الدین افغانی نے لکھا کم اور کہا بہت ہے اور اس طریقے سے انہوں نے عالم اسلام کے جن با استعداد افراد سے ملاقات کی، انہیں اس بلا خیز شخصیت اور اسلام کے بطل جلیل نے چھوٹے چھوٹے 'جمال الدین' بنا دیا۔ انہوں نے کبھی بھی مجدد ہونے کا دعویٰ نہیں کیا مگر اس زمانے میں 'روح اسلام' کو ان سے زیادہ کسی دوسرے نے تڑپ نہیں دی ہے۔ میرا خیال ہے کہ ان کی بے قرار روح اب بھی سرگرم عمل ہو گی اور کیا خبر ان سرگرمیوں کی انتہا کیا ہو گی؟"(۳) حضرت افغانی کے افکار و نظریات کا ایک معنی خیز خلاصہ علامہ اقبال کی شاہکار

تالیف "جاوید نامہ" کے "فلک عطارد" میں دیکھا جاسکتا ہے۔ اس پورے باب میں افغانی اور ان کے ایک معتقد شہزادے سعید حلیم پاشا (مقتول ۴ دسمبر ۱۹۲۱ء) کی تعلیمات کا عصارہ موجود ہے مگر اس کی کیفیت بیان کرنے کی خاطر افغانی کی حیات، تصانیف اور افکار کے بارے میں ایک تحقیقی شذرہ پیش کرنا اور ان ے بارے میں اردو، انگریزی، عربی اور فارسی میں موجود مآخذ پر ایک نظر ڈالنا ناگزیر ہے۔ البتہ اس گفتگو کو مجمل و مختصر رکھا جائے گا۔

حیاتِ افغانی

جمال الدین افغانی طباطبائی سید تھے۔ والد اور والدہ کا نام بالترتیب سید صفدر اور سیدہ سکینہ بیگم تھا۔ آپ کا علاقہ اسد (اسعد) آباد کے ایک گاؤں کونٹر نزد جلال آباد میں ۱۲۵۴ ہجری مطابق ۱۸۳۹ء کو پیدا ہوئے۔ ابتدائی تعلیم اپنے مولد میں حاصل کی اور اپنے والد سے بھی استفادہ کیا۔ تکمیل علوم و فنون کی غرض سے آپ نے کابل (جہاں انہیں سید فقر آباد کا شاہ جیسا یگانۂ روزگار استاد میسر آیا تھا) کے علاوہ ایران کے شہروں: مشہد، اصفہان اور ہمدان میں گزر کیا۔ اپنی فطری ذہانت اور ذکاوت کے بل بوتے پر اٹھارہ برس کی عمر میں (جب آپ کے والد کا انتقال ہو گیا تھا) آپ متداول علوم: تاریخ، حکمت و فلسفہ، ریاضی اور نجوم وغیرہ میں فارغ التحصیل ہو گئے تھے۔ اسی سال آپ ہندوستان تشریف لائے اور ایک سال تک یہاں قیام فرمایا اور اردو و نیز انگریزی سیکھی۔ یہاں سے حج بیت اللہ کی خاطر ۱۸۵۷ء میں مکہ مکرمہ روانہ ہوئے اور عرب ممالک اور ایران کی یک سالہ سیاحت کے بعد راہِ بلوچستان وطن لوٹ آئے۔ آپ نے فرمانروائے افغانستان امیر دوست محمد خاں کی ملازمت اختیار کر لی اور اس کے بڑے بیٹے امیر محمد اعظم خاں کے اتالیق بھی مقرر ہوئے۔ امیر دوست محمد خاں کی ملازمت اختیار کر لی اور

اس کے بڑے بیٹے اور امیر مذکورہ کے انتقال کے بعد ان دو بھائیوں کے درمیان خانہ جنگی چھڑ سکتی تھی مگر سید جمال الدین کی صوابدید کے ذریعے یہ خطرہ ٹل گیا۔ آپ امیر شیر علی خاں کے مشیر خاص رہے اور اسی طرح امیر محمد اعظم خاں کے برسر اقتدار آجانے کے بعد بھی آپ کا مقام محترم ہی رہا مگر امیر شیر علی خاں جب دوسری بار تخت پر قابض ہوا تو افغانی کو شک کی نظر سے دیکھنے لگا۔ اس دوران میں آپ نے ملازمت ترک کر دی اور حج کی اجازت لے کر ۱۸۶۹ء میں ہندوستان کو سدھارے۔ ایک ماہ کے قیام کے بعد آپ عازم مکہ مکرمہ ہوئے اور واپسی قاہرہ تشریف لائے۔ مصر میں چالیس روز اقامت کے دوران میں آپ نے وہاں کے علماء اور ارباب بست و کشاد کو بے حد متاثر کیا اور وہاں سے دارالخلافہ استنبول آگئے۔ استنبول میں افغانی کا بڑا احترام تھا مگر شیخ الاسلام حسن آفندی فہمی کے بغض وحسد کے نتیجے میں انہیں ۱۸۷۰ء میں حکومت کی طرف سے کہا گیا کہ حج پر تشریف لے جائیں۔ یہ گویا قلمروئے عثمانی کو ترک کرنے کا اشارہ تھا۔ اس دفعہ حج کے بعد افغانی مصر آئے اور کم و بیش نو سال یہیں قیام فرمایا۔ وزیر اعظم ریاض پاشا کی سفارش پر خدیو مصر محمد علی پاشا نے افغانی کا ایک تعلیمی و تدریسی وظیفہ مقرر کر دیا تھا جس کی مالیت کوئی دو سو روپے ماہانہ بنتی تھی۔ وہ اپنے مکان میں گاہے گاہے جامعۃ الازہر میں درس دیتے۔ وہاں پر انہوں نے اپنے جن تلامذہ کو بقول اقبال "چھوٹے چھوٹے جمال الدین بنا دیا تھا۔" ان میں محمد اسحق ادیب اور شیخ محمد عبدہ کے اسما قابل ذکر ہیں۔ شیخ احمد (مہدی) سوڈانی کے متعدد پیر وکار بھی افغانی کے حلقۂ درس میں شامل رہتے تھے مگر الازہر کے بعض اساتذہ کو افغانی کی فصاحت و بلاغت اور شخصی نفوذ سے حسد پیدا ہو گیا تھا۔ افغانی کے بعض تجدد آمیز افکار کی آڑ لے کر انہوں نے نئے استعمار دوست خدیو مصر توفیق پاشا کے کان بھرے۔ افغانی نے "المجلس الوطنیۃ" کے نام سے رفاہی کام انجام دینے والی ایک

"جوانمردانہ" جماعت بنائی تھی۔ اسے بھی توفیق پاشا نے ایک خطرہ جانا اور بلطائف الحیل افغانی کا مال و اسباب مع کتب کے ضبط کر کے انہیں لندن بھجوا دیا۔ اس موقع پر ایرانی سفیر نے از راہ قدردانی افغانی کو تین ہزار پونڈ کی رقم پیش کرنا چاہتی تھی مگر آپ نے فرمایا: "آپ اسے اپنے پاس ہی رہنے دیں۔ شیر جہاں جاتا ہے اپنا رزق پیدا کر لیتا ہے۔"

لندن سے افغانی امریکہ گئے اور جلد ہی لندن لوٹ آئے اور چند دن بعد وہاں سے پیرس آ گئے۔ پیرس میں آپ فرانسیسی زبان سیکھی۔ مصری سیاسی پناہ گزینوں سے رابطہ قائم کیا اور عالم اسلام کے بارے میں مقامی اخبارات میں بہت سے مضامین چھپوائے۔ ان کے عزیز شاگرد شیخ محمد عبدہ بھی مصر میں ۱۸۸۲ء کے حریت زا ہنگاموں کے نتیجے میں جلاوطن ہو کر پیرس آ گئے تھے اور اب دونوں کی ایک مشترکہ اقامت گاہ تھی۔ رسالہ "العروۃ الوثقیٰ" جس کا ذکر آئندہ سطور میں آئے گا، دونوں نے یہیں سے جاری کیا تھا۔ پیرس کے قیام کے دوران میں افغانی روم (اٹلی)، لندن اور استنبول گئے مگر یہاں زیادہ عرصہ نہ ٹھہرے۔ استنبول سے آپ ایران آئے۔ ناصر الدین شاہ قاچار نے ابتدا میں ان کا بڑا احترام کیا مگر ان کی بے باکی اور ملوکیت دشمن عزائم کی تاب نہ لا سکا۔ ایران سے جلاوطنی کا حکم ملنے پر افغانی ماسکو (روس) گئے اور کچھ دن بعد وہاں سے جرمنی چلے گئے۔ ناصر الدین شاہ قاچار سے یہاں انہیں ملاقات اور مبادلہ خیالات کا ایک مزید موقع مل گیا تھا۔ بادشاہ نے انہیں ایران آنے کی دعوت دی مگر اب کی بار افغانی نے قاچاری استبداد کے خلاف زیادہ موثر آواز اٹھائی اور اپنے بہت سے حامی پیدا کر لیے۔ آپ حضرت شاہ عبد العظیمؒ کے مزار کے جوار میں گوشہ گیر ہو کر قاچاری استبدادی ملوکیت کے خلاف رائے عامہ کو ہموار کر رہے تھے۔ اس حالت میں آپ کو گرفتار کر کے عراق کی سرحد خانقین تک پہنچا دیا گیا۔ خانقین سے آپ بغداد گئے اور بڑی مشکل سے ۱۳۰۸ ہجری میں

لندن چلے جانے کی اجازت لینے میں کامیاب ہو سکے۔ بغداد کے چند روزہ قیام کے دوران میں نیز لندن جاکر آپ نے ایران کے خراب حالات کے خلاف اپنی آواز کو بلند رکھا۔ لندن سے آپ نے انگریزی اور عربی زبان میں "ضیاء الخافقین" نامی ایک اخبار بھی جاری کیا جسے ایرانی حکومت کی شہ پر برطانوی حکومت نے جلد ہی بد کروا دیا۔ افغانی نے ایک ایرانی سیاسی جلاوطن شاہزادے ملکم خان (م۔ ۱۹۰۸ء) کے اخبار "قانون" میں بھی شاہ ایران کے خلاف چند مضامین لکھے تھے۔

سنہ ۱۸۹۳ء میں سلطان عبد الحمید عثمانی کی دعوت پر افغانی استنبول آ گئے۔ سلطان نے انہیں سرکاری مہمان خانے میں ٹھہرایا اور ان کی خاطر ایک خطیر رقم کا وظیفہ (ایک ہزار اور بقول بعض ستائیس سو روپیہ ماہانہ) مقرر کر دیا۔ سلطان عبد الحمید نے افغانی کی تحریک اتحاد عالم اسلامی کی حمایت کی اور اس ضمن میں ممالک میں اسلامی کے حکام کو خطوط و فرامین بھی بھیجے تھے۔ افغانی نے فرمایا کہ جو اسلامی ملک دوسروں سے دفاعی اتحاد نہ کرے، اس کی اقتصادی ناکہ بندی کر دی جائے۔ شاہ ایران کو یہ بات پسند نہ تھی اور اس نے اس تحریک کی سخت مخالفت کی۔ افغانی نے شاہ ایران کی اس تازہ چال کا سختی سے نوٹس لیا اور اس روش کے خلاف بہت کچھ کہا۔ یکم مئی ۱۸۹۶ء کو ناصر الدین شاہ، تکیہ گاہ شاہ عبد العظیمؒ میں اپنی سالگرہ منا رہا تھا کہ افغانی کے ایک معتقد مرزا رضا کرمانی نے اسے گولے کا نشانہ بنا کر ہلاک کر دیا۔ قاتل پر مقدمہ چلا اور اسی سال ۱۲! اگست کو اسے پھانسی دے دی گئی مگر اس ضمن میں افغانی سے پوچھ گچھ کی گئی۔ ایرانی حکومت نے ترکی سے مطالبہ کیا تھا کہ جمال الدین افغانی کو ان کے حوالے کیا جائے۔ سلطان عبد الحمید نے اس مطالبے کو رد کر دیا، مگر وہ بھی اب افغانی کو شک کی نگاہ سے دیکھتا تھا۔ افغانی کے گرد جاسوسوں کا اتنا پہرہ بٹھا دیا گیا تھا کہ وہ سرکاری مہمان خانے کو زندان خانے سمجھنے لگے

تھے۔ غالباً ان ہی پریشان کن حالات میں آپ مرض سرطان مبتلا ہو گئے اور اسی حال میں ۵ شوال ۱۳۱۴ء ہجری مطابق ۹ مارچ ۱۸۹۷ء کو انتقال فرمایا اور استنبول میں دفن ہوئے۔ تقریباً نصف گزر جانے کے بعد ۱۹۴۴ء میں اعلیٰ حضرت بادشاہ افغانستان نے مرحوم کے تابوت کو استنبول سے کابل میں منتقل کروایا اور کابل یونیورسٹی کے احاطے میں دفن کیا۔ حال ہی میں اس پر ایک شاندار مقبرہ تعمیر ہوا ہے۔

متفرقاتِ حیات اور سیرت

اصلاح کے آغاز منطقی طور پر گھر سے ہونا چاہیے، افغانی نے بھی اپنے وطن (افغانستان) میں کافی اصلاحات کیں، انہوں نے فوج کی تشکیلِ نو، سفیروں اور نمائندوں کے تقرر، ڈاک کے نظام کی بہتر تنظیم اور مدارس کی تاسیس کی خاطر حکام کو رے صائب مشورے دیئے جن پر عمل کیا گیا، اخبار "شمس النہار" کو انہوں نے جاری کروایا اور خود بھی اس میں کئی مضامین لکھے، مصر میں ان کی تشویق و ترغیب پر دو اخبار جاری ہوئے "المصر" جس کی ادارت محمد ادیب اسحٰق نے سنبھالی اور "ابو نظارا" جسے جیمز نامی ایک شخص نے شائع کیا، استنبول میں آپ وہاں کی یونیورسٹی اور ایا صوفیہ کی مسجد میں تقریباً ہفتہ وار تقریر کرتے تھے اور سامعین نے انہیں "سحر القلوب" کا لقب دے رکھا تھا، روس میں آپ تین بار تشریف لے گئے اور ان کی کوشش کے نتیجے میں زار کی حکومت نے قرآن مجید کے روسی ترجمے اور بعض اسلامی کتب کی اشاعت کی اجازت دی تھی۔

افغانی کی خداداد استعداد اور قابلیت کو مخالفین نے بھی تسلیم کیا ہے، وہ اردو، انگریزی، پشتو، ترکی، جرمن، عربی، فارسی اور فرانسیسی زبانوں (نیز کسی قدر روسی زبان) پر دستگاہ (بعض میں متوسط اور بعض میں تبحر کی حد تک) رکھتے تھے، وہ ایک ترقی پسند اور ہمہ گیر اجتہادی نقطہ نظر رکھنے والے مسلمان تھے، دوسروں کی اندھا دھند تقلید کے بے

حد مخالف تھے، نتائج سے بے پرواہو کر حق گوئی، اسلامی اتحاد واخوت اور مشترکہ دفاعی قوتوں کے یکجا ہونے کی خاطر کام کرنا، عالم اسلام کے مسلمانوں کو ممکن حد تک استعمار پسندوں کے عزائم سے آگاہ کرنا اور ان کی قوتوں کو میدان عمل میں گامزن کرنے کی خاطر سعی کرنا، افغانی کی سیرت و فعالیت کے خاص پہلو ہیں، ان کی نگاہوں میں جذب و تاثیر، زبان اور قلم میں غیر معمولی زور اور ظاہری رعب و جلال تھا، وہ کم خور و کم خواب شخص تھے، صرف دوپہر کا کھانا کھاتے، رات کو بہت کم سوتے اور آہ سحری سے بہرہ ور تھے، کاتکوف روسی، ارنسٹ ریناں، بلنٹ اور ای۔ جی۔ براؤن جیسے مستشرقین ان کی معنوی صفات سے بے حد اثر پزیر ہوئے ہیں، ارنسٹ ریناں لکھتا ہے کہ اس نے ایسا منفرد اور انقلابی مسلمان پہلے کبھی نہ دیکھا تھا، براؤن نے انہیں ایک زبردست صحافی، صاحب قلم، عظیم مفکر، خطیب اور سیاست دان کے طور پر یاد کیا ہے، افغانی بڑے خوددار اور خود شناس شخص تھے، افغانستان، ایران، ترکی اور مصر کے حکام و سلاطین کے ساتھ ان کے برابر کے روابط تھے مگر یہ روابط ان کے اصلاحی مشن میں کبھی حائل نہ ہو سکے، انہوں نے کبھی کوئی تحفہ یا تمغہ قبول نہیں کیا، سلطان عبد الحمید کا عطا کردہ اعلیٰ تمغہ انہوں نے بلی کے گلے میں باندھ دیا تھا اور فرمایا: "یہ آدمیوں کی عزت و توقیر کی دلیل نہیں ہے" ناصر الدین نے انہیں ایک انگشتری پہنائی تھی، افغانی نے اسے ایک شاہزادے کو پہنا کر حساب بے باک کر دیا، مصری، ایرانی، اور عثمانی حکومتوں سے انہیں جو وظیفہ ملتا تھا، اس کے معتدبہ حصے کو وہ محتاجوں پر صرف کر دیتے تھے، خود وہ عائلی بندشوں سے مدت العمر آزاد ہی رہے۔

تصانیف اور افکار

افغانی کے بارے میں اقبال نے بجا فرمایا ہے کہ انہوں نے لکھا کم اور کہا بہت ہے،

سید جمال الدین نے افغانوں کی ایک تاریخ فارسی میں لکھی تھی جس کا عربی (۴) اور اردو (۵) ترجمہ چھپ چکا ہے، ہندوستان کے قیام کے دوران میں آپ نے فارسی میں ایک مبسوط رسالہ "ردّ دہریان" لکھا تھا، شیخ محمد عبدہؒ نے اسے "الرد علی الدھرئین" کے عنوان اور ایک مفصل مقدمے کے ساتھ عربی میں ترجمہ کر کے چھپوا دیا، افغانی نے اپنے اصلی اور بعض قلمی ناموں کے سیاحت افغانستان، مصر اور فرانس کے بعض روزناموں میں کئی مقالے لکھے، کئی مشاہیر کے نام ان کے عربی اور فارسی میں خطوط بھی دستیاب ہیں، اس کے علاوہ انہوں نے جو کچھ لکھا، وہ اخبار "قانون"، "ضیاء الخافقین" اور ہفت روزہ "العروۃ الوثقیٰ" کے چند شماروں کی زینت ہے اور بس، افغانی کا قول ہے "میں کتابیں نہیں لکھتا، زندہ کتابیں پیدا کرتا ہوں"۔

"تاریخ افاغنہ "ایک مربوط اور محققانہ تالیف ہے، اگرچہ اس میں ضروری حوالے مفقود ہیں۔ "ردّ دہریان" میں انہوں نے مذہب کی برتری کی خاطر وزنی دلائل دیئے ہیں۔ ان کی نظر میں عالم اسلام کے زوال و انحطاط کا مداوا اس میں نہیں کہ مسلمان تقلید مغرب، نیچر پرستی اور الحاد نما عقائد کو اپنائی بلکہ یہ کہ وہ رجوع الی القرآن کی راہ پر گامزن ہوں اور اپنی موجودہ تن آسانی اور غفلت شعاری کی روش کو بدل ڈالیں۔ ارشاد ربانی ہے :" بے شک اللہ کسی قوم کی حالت اس وقت نہیں بدلتا جب تک اس کے افراد اپنے نفوس میں تغیر نہ پیدا کر لیں "(۶)۔ اس رسالے میں انگریزی استعمار کے حامیوں اور اہل مغرب کی سروری کے گن گانے والوں کی سخت مذمت کی گئی ہے۔ روزنامہ "ضیاء الخافقین " کے چند شمارے ہی نکلے ان میں ناصر الدین قاچاری کی ہوس زر اور اس کی ملک فروشانہ سرگرمیوں کی قلعی کھولی گئی ہے۔ یہ اخبار ان بیسیوں دوسرے اخباروں کی اشاعت کا محرک و مشوق بنا جو قاچاری استبداد کے خلاف نکالے گئے اور جنہوں نے رائے عامہ کو

اس طرح ہموار کیا کہ استبدادی سلطنت نے "مشروط" (آئینی حکومت کے حقوق) کو تسلیم کر لیا، چنانچہ اس کے کچھ عرصے بعد پہلو سلطنت کا دور شروع ہوا۔ ہفت روزہ "العروۃ الوثقیٰ" کی اشاعت کا مقصد البتہ وسیع تر اور عالمی تھا۔ یہ مجلہ مارچ سے اکتوبر ۱۸۸۴ء تک کچھ تعطل اور توقف کے ساتھ جاری ہوتا رہا اور اس کے کل اٹھارہ شمارے شائع ہوئے۔ ابتدائی شمارہ ۱۵! جمادی الاول ۱۳۰۱ ہجری، ۱۳ مارچ ۱۸۸۴ء کو نکلا اور آخری ۲۶ ذی الحجہ ۱۳۰۱ ہجری / ۱۶ اکتوبر ۱۸۸۴ء کو۔

"العروۃ الوثقیٰ" کے مضامین سے ہم اس مجموعے کے ذریعے استفادہ کر رہے ہیں جسے ۱۳۲۸ ہجری میں حسین محی الدین جمال نے بیروت سے شائع کر دیا۔ مختلف سیاسی بیانات و مقالات کے علاوہ اس ہفت روزہ مجلہ میں کوئی ڈیڑھ درجن فکر انگیز مضامین چھپے ہیں جو بظاہر شیخ محمد عبدہ کی تحریر اور جمال الدین کی فکر کا نتیجہ ہیں یہ ہم اس بنا پر کہتے ہیں کہ خود عبدہ مرحوم نے ایک مرتبہ فرمایا تھا، "العروۃ الوثقیٰ میں جو مضامین اور بیانات چھپے، ان میں سے کسی میں بھی میری فکر یا سید جمال الدی کی تحریر نہیں ہے، البتہ اس کے حرف حرف پر ہم دونوں کو اتفاق تھا۔" ان مقالات کی تحریر عظیم اور فکر عظیم تر ہے۔ بیشتر مقالات کے عنوانات قرآن مجید کی آیات کریمہ ہیں۔ جیسا کہ ذکر ہوا ہے یہ مجلہ افغانی اور عبدہؒ کی مشترک ادارت میں نکلتا تھا اور دنیا بھر کے مسلمان زعما اور مختلف اداروں کو مفت بھیجا جاتا تھا۔ بعض مخیر مسلمانوں (جن میں افغانی کے حیدر آباد دکن کے چند دوست بھی تھے) نے اس کے اجرا کی خاطر رقم فراہم کر رکھی تھی۔ چند ماہ بعد مصری اور برطانوی حکومتوں کے دباؤ پر فرانسیسی حکومت نے اسے فرانس سے باہر بھیجا جانا ممنوع قرار دے دیا (ہندوستان میں اس کی خریداری کو جرم قرار دیا گیا)۔ افغانی اور عبدہ اسے لفافوں میں بند کر کے ترسیل فرماتے رہے مگر اس طرح اخراجات اتنے بڑھ گئے کہ

چار و ناچار اسے بند ہی کرنا پڑا۔ "العروۃ الوثقیٰ" کی اہمیت کا اندازہ لگانے، افکار افغانی کی ایک جھلک دیکھنے نیز افغانی و اقبال کے فکری توافق و ہم آہنگی کو دیکھنے کی غرض سے ہم اس میں مندرج مقالات میں سے بعض کے اقتباسات کا اردو ترجمہ پیش کرتے ہیں:

(۱) زمین کا کوئی خطہ مسلمانوں کا مرزوبوم ہو اور ان کی کوئی بھی قومیت ہو جب وہ اسلام پر ایمان لے آئے تو ایک بڑے اسلامی خانوادے کے فرد بن گئے۔ اب اگر کوئی عصبیت رکھتے ہوں تو وہ اسلام کی عصبیت ہونی چاہیئے جس میں دیگر عصبیتیں مدغم و ضم ہو گئی ہیں۔ اسلام پر ایمان لانے والا جس قدر اپنے عقیدے میں پختہ ہوتا ہے اسی قدر وہ جنس، ذات، قبیلہ، نسل اور قومیت کے بندھنوں سے آزاد ہوتا ہے۔ ایمان بالغیب اور توحید کی نعمتوں سے مستفید ہو کر وہ محدود رابطوں کو توڑ کر ایک عالمگیر رابطۂ اخوت سے مستحکم ہو جاتا ہے۔۔۔ اس وقت اس عصبیت اور اس وحدت فکر و عمل کی ضرورت ہے۔ اے علمبرداران توحید! دنیا کے گوشے گوشے سے اٹھو اور ایک دوسرے کے دکھ درد میں عملاً شریک ہو جاؤ۔" (از: الجنسیۃ والدیانۃ الاسلامیۃ)

(۲) آپ کا کیا خیال ہے کہ آج دوسری قوموں کی نقالی کرنے، اسلامی محکم عقائد کا ابطال کرنے، الحاد کو اپنانے اور دوسری قوموں سے گٹھ جوڑ رکھنے سے آپ بحیثیت مسلمان ترقی کر لیں گے؟ دوسری قومیں شدید ترین مذہبی عصبیت کے ساتھ آپ کے استیصال و انحلال کے درپے ہیں اور آپ کو تلقین کر رہی ہیں کہ عصبیت چھوڑ دو۔ آپ غیرت دینی اور باہمی اخوت کے جذبات کو ابھاریں۔ اسلام کا ماضی تابناک ہوا تھا۔ اے بہادروں کی اولاد! خدا نے ایمان والوں کی فتح و نصرت کا وعدہ کر رکھا ہے، کیا آپ کی خاکستری میں غیرت و حمیت کی کوئی چنگاری باقی نہیں رہی؟ کیوں نہیں، ہاں ان چنگاریوں کو شعلہ ور کرنے کی ضررت ہے۔۔۔ خدا پر ایمان کامل رکھ کر آپ اپنی قوتوں

کو متحد کریں اور استعماریوں کے عزائم کو خاک میں ملا دیں۔ (از سنۃ اللہ فی الذین خلوا من قبل ولن تجد لسنۃ اللہ تبدیلا (۷))

(۳) دین اسلام کی عبادات محض مراسم نہیں، یہ سیرت و کردار کی تشکیل کی خاطر ہیں تاکہ آدمی بڑی سے بڑی قربانی کی خاطر تیار ہو سکے۔ ان قربانیوں کی انتہا شہادت ہے جس مرگ باشرف کہنا چاہئے۔۔۔ توحید کا تقاضا یہ ہے کہ مسلمان صرف خدا سے ڈریں، دنیا کی ہر قوت کے ساتھ ٹکر لینے کے لئے تیار ہوں اور موت کو خاطر میں نہ لائیں۔ آخر آج کے علمائے دین فروعی اور اختلافی مسائل سے ہٹ کر مسلمانوں کی غیرت و حمیت کو کیوں بیدار نہیں کرتے؟ وہ جبن وخوف سے نجات پانے کا راستہ کیوں نہیں بناتے۔۔۔ یہ حقیقت ہے کہ جب تک کوئی قوم، انفرادی اور اجتماعی طور پر جدوجہد نہ کرے، خدا اس کی پست حالت کو بلندی نہیں ہو سکتا۔ ہماری تغافل شعاری کے نتیجے میں زوال و نکبت ہم پر مسلط کر دیئے گئے ہیں اور ہم اس حالتیں جادۂ اعتدال سے انحراف کی دلیلیں ہیں۔ درد مندانِ قوم! یاس و نااُمیدی کی کوئی بات نہیں، ملت اسلامیہ کو احساس ندامت دلاؤ تاکہ سعی و عمل سے وہ پھر رحمت خداوندی کی سزاوار بن جائے۔ (از: ان اللہ لایغیر مابقوم حتی یغیر وامابا نفسھم (۸))

(۴) لوگ ہم سے پوچھتے ہیں کہ مسلمانوں کے جمود و انحطاط کا کیا سبب ہے؟ ایسے بہت سے اسباب بیان ہو سکتے ہیں مگر ہمارے نزدیک افتراق و پراگندگی اور دوسروں کے دکھوں کا عدم احساس غالباً سب سے بڑا عامل ہے جس کی وجہ سے مسلمان معاشرے کا اجتماعی ارتقار کود و تعطل سے دوچار ہے۔۔۔ ان سالوں کی بات ہے کہ اہل بلوچستان گھروں میں بیٹھے رہے اور افغانوں کے خلاف انگریزوں کی کارروائی جاری رہی، ان کی رگ حمیت نہ پھڑکی کہ وہ اپنے دینی بھائیوں کی حمایت میں ایک نعرہ بھی بلند کر لیتے۔ خود

افغانوں کی بھی یہی حالت رہی ہے، وہ ایران میں انگریزوں کی سفاکیوں کا تماشا دیکھتے رہے اور مجھے تعجب ہوا کہ یہ لوگ کیوں بے تاب نہ ہوئے اور ان کا خون کیوں نہ کھولا؟ مصر میں کشتوں کے پشتے لگ گئے اور اخوت اسلامی کے دعویداروں نے غالباً آہ وفغاں بھی نہیں کیا ہے۔۔۔ تاریخ اسلام سے واقف لوگ جانتے ہیں کہ مٹھی بھر مسلمانوں نے کیا کیا کارنامے انجام دیئے ہیں۔ آج کروڑوں نظر آتے ہیں مگر عملی وحدت کے فقدان کی وجہ سے بے بس ہیں، یہ اتنے بے بس ہیں کہ اپنا دفاع کرے اور اپنے اوطان کو سیاسی آزادی دلانے پر بھی قادر نہیں۔ یہ عقیدے اور عمل میں تفاوت کا نتیجہ ہے۔ (از: واعتصمو بحبل اللہ جمیعاً ولا تفرقوا۔۔۔(۹))

آخر میں "العروۃ الوثقیٰ" سے ایک اقتباس کا ترجمہ ملاحظہ ہو:

:اے بہادروں کی اولاد! اے دلیروں کے اخلاف! اے جوانمردوں کی نسل! کیا زمانہ تم سے پھر گیا ہے؟ کیا حالت سنبھالنے کا وقت بیت گیا ہے؟ کیا ناامیدی کا وقت آپہنچا ہے؟ ہرگز نہیں۔ خدا نہ کرے کہ زمانہ تم سے امید منقطع کر دے۔ ادرنہ سے لے کر پشاور تک اسلامی حکومتیں ہیں، قلمروئیں ملی ہیں، قرآن مجید نے ان کو ایک عقیدے پر متحد کر رکھا ہے، ان کی تعداد (پچاس) کروڑ سے کم نہیں ہوگی اور یہ شجاعت و بہادری میں ممتاز ہیں۔ کیا ان سے یہ نہیں ہو سکتا کہ جس طرح دوسری قوموں نے اتحاد کر رکھا ہے، یہ بھی متحد ہو جائیں؟ اگر یہ اتفاق کرلیں تو ان کے لئے کوئی نئی بات نہیں ہے، اتفاق و اتحاد ان کے دین کی بنیاد ہے۔ کیا ان کو اتنا شعور نہیں کہ اس بات کا احساس کریں کہ ان میں سے ہر ایک کی احتیاجات دوسرے سے وابستہ ہیں؟ کیا ان میں کوئی ایسا نہیں رہا جو خدا کے اس حکم کے مطابق کہ "مومن بھائی بھائی ہیں" اپنے بھائی کا بھی خیال رکھے؟ اگر یہ ایک محکم دیوار کی مانند کھڑے ہو جائیں تو ان سیلابوں کو روک دیں گے جو اس وقت ان

پر ہر سمت سے عود کر آرہے ہیں۔"

افغانی کے حالات زندگی اور افکار کے بارے میں ہم اس مختصر خاکے پر اکتفا کریں گے مگر نامناسب ہو گا کہ آگے بڑھنے سے قبل ہم ضروری مآخذ کی فہرست یہیں درج نہ کر دیں:

(الف) مقام جمال الدین افغانی، حیدرآباد دکن۔ (ب) مقالات جمالیہ مرتبہ پروفیسر عبد الغفور شہبازؔ، کلکتہ۔ (ج) جمال الدین افغانی، مطبوعہ جامعہ ملیہ، دہلی۔ (د) آثار جمال الدین مؤلفہ قاضی عبد الغفار، مطبوعہ انجمن ترقی اردو ہند، دہلی (ھ) انقلاب ایران (انگریزی سے فارسی ترجمہ) از ای۔ جی۔ براؤن)۔ (و) مشاہیر الشرق از جرجی زیدان، قاہرہ، ۱۹۰۵ء۔ (ز) تاریخ بیداری ایرانیاں از ناظم الاسلام کرمانی، تہران (ح) مجموعہ مقالات العروۃ الوثقیٰ، بیروت ۱۳۲۸ ہجری۔ (ط) شرح حال وآثار فیلسوف شرق سید جمال الدین اسد آبادی افغانی مؤلفہ میرزا لطف اللہ خان اسد آبادی، تبریز، ۱۳۲۴۔ (ی) سید جمال الدین افغانی مؤلفہ ضیاء الدین احمد برنی، (طبع ثانی) کراچی، ۱۹۵۴ء۔ (ک) زعماء الاصلاح فی العصر الحدیث از احمد امین مرحوم، قاہرہ، ۱۹۴۸ء۔ (ل) جمال الدین الافغانی بقلم محمود ابوریہ، قاہرہ۔

افغانی اور اقبال

اتحاد عالم اسلامی کے سلسلے میں افغنی کی مساعی اور افکار کی ایک جھلک ہم نے پیش کر دی ہے، اقبال اور افغانی کے درمیان یہ ایک بہت بڑا مشترک عامل ہے۔ افغانی، شیخ محمد عبدہٗ اور سعید حلیم پاشا کے بعد غالباً ہی وہ عظیم مفکر ہیں جنہوں نے پین اسلامزم کی خاطر بے حد توانائی صرف کی ہے اور اس کے ذکر سے علامہ مرحوم کی کوئی ایک شعری یا نثری رہے اور اسلامی اجتہادی فکر و نظر کے سلسلے میں بھی دونوں کے افکار یکساں ہیں۔ غرض

افغانی سے علامہ فکری اور عملی دونوں لحاظ سے بے حد متاثر ہوئے اور اس کی نمایاں ترکیفیت "جاوید نامہ" میں نظر آتی ہے۔ وھو ھذا: فلک قمر سے گزرنے کے بعد اقبال، مولانا جلال الدین رومی کی معیت میں فلک عطارد پر پہنچتے ہیں۔ یہاں انہیں آواز اذان سنائی دی، وہ آگے بڑھ کر کیا دیکھتے ہیں کہ جمال الدین افغانی امامت فرمارہے ہیں اور سعید حلیم پاشا تاتار اقتدار کر رہے ہیں۔ رومی نے فرمایا: عصر حاضر کے مشرق میں ان دو افراد سے بہتر لوگ عالم وجود میں نہیں آئے۔ انہوں نے مسلمانوں کے مسائل حل کرنے کی خاطر جان کھپائی ہے۔

سید السادات مولانا جمال

زندہ از گفتارِ او سنگ وسفال

ترک سالار آں حلیم درد مند

فکرِ او مثلِ مقامِ او بلند

ترجمہ:

ایک سید السادات جمال الدین جن کی گفتگو سے پتھر میں جان پڑ جائے، دوسرے ترکی نژاد، درد مند، ترک سالار (حلیم پاشا) جن کی فکر ان کے مقام کی طرح بلند ہے۔

رومی اور اقبال بھی شریک نماز ہو جاتے ہیں۔ افغانی سورہ "النجم" کی قرأت فرما رہے تھے اور ان کا سوز قرأت حد بیان سے باہر ہے۔ اقبال (زندہ رود) نماز کے بعد از راہ عقیدت افغانی کی دست بوسی کرتے ہیں اور افغانی ان سے عالم اسلام کے بارے میں پوچھتے ہیں۔

قرأت آں پیر مردے سخت کوش

سورۂ والنجم و آں دشتِ خموش!

دل ازو در سینہ گر دد ناصبور

شور الا اللہ خیز د از قبور!

من ز جابر خاستم بعد از نماز

دستِ او بوسیدم از راہِ نیاز

زندہ رود! از خاکدانِ ما بگوے

از زمین و آسمانِ ما بگوے

خاکی و چوں قدسیاں روشن بصر!

از مسلماناں بدہ مارا خبر

ترجمہ:

اس دشت خموش میں اس عظیم انسان (افغانی) سورۂ والنجم کی تلاوت کر رہے تھے جن کی قرأت کے سوز سے دل تڑپ جایئے اور قبروں سے "الا اللہ" کا شور بلند ہو۔ میں نے نماز کے بعد ان کا ہاتھ کو عقیدت مندی سے بوسہ دیا۔ انہوں نے زندہ رود (اقبال) سے کہا کہ ہماری دھرتی کا کچھ پتہ بتا اور زمین و آسماں کا حال سنا۔ انسان خاکی تو ہے لیکن فرشتوں کی طرح روشن بھر ہے۔ مسلمانوں کے بارے میں مجھے کچھ خبر دے۔

اقبال کہتے ہیں کہ مسلمان اس وقت ضعف ایمان اور نا امیدی کا شکار ہیں۔ چند بڑے بڑے فتنے جنھوں نے مسلمانوں کو تباہ کر رکھا ہے، وہ مندرجہ ذیل ہیں: افرنگ مآبی، ملوکیت کا استبداد اور اشتراکیت (جس کا تجربہ ۱۹۱۷ء سے روس میں شروع ہے)۔ افغانی فرماتے ہیں: اہل مغرب نے وطنیت کے نظریے کے ذریعے مسلمانوں کے اتحاد کو پارہ پارہ کرنے کی سازش کر رکھی ہے۔ خس و خاشاک بھی زمین گیر نہیں رہتا اور ہوا آنے پر پرواز کر جاتا ہے۔ کیا مسلمان اس سے بھی زیادہ گیا گزرا ہے کہ ایک خطۂ زمین ہی سے

خود کو وابستہ کرلے ؟ آفتاب مشرق سے طلوع ہو کر ساری کائنات کو مستنیر کر دیتا ہے، اسے کوئی مشرق کیوں کہے گا؟ مومن کی بھی ایسی ہی آفاقی شان ہے کہ وہ ایک خطۂ خاک سے منسوب ہونے کے باوجود بھی کہتا ہے کہ "مومن کا جہاں ہر کہیں ہے"۔

تو اگر داری تمیز خوب وزشت
دل نہ بندی با کلوخ وسنگ وخشت
می نگنجد آں کہ گفت اللہ ھو
در حدودِ ایں نظارہ چار سو

ترجمہ:

تجھے اگر اچھے برے کی تمیز ہے تو اینٹ پتھر (یعنی زمین) سے دل نہ لگا۔ جس نے "اللہ ھو" کہا وہ نظامِ چار سو کے حدود میں گرفتار نہیں رہ سکتا۔

اشتراکیت وملوکیت دونوں استبدادی نظام ہیں جو کہ باہمی انسانی ہمدردی اور احساس اخوت کے لئے زہر ہلال ہیں۔ روحانی اقدار ان نظامون سے فروغ نہیں پاتے۔

رنگ وبو از تن نگیرد جانِ پاک
جز بہ تن کارے ندارد اشتراک
ہم ملوکیت بدن را فربہی است
سینۂ بے نورِ او از دل تہی است!
ہر دو را جاں ناصبور و ناشکیب
ہر دو یزداں ناشناس آدم فریب
زندگی ایں را خروج آں را خراج
درمیان ایں دو سنگ آدم زجاج

ترجمہ:

جانِ پاک تن سے رنگ و بو حاصل نہیں کر سکتی اور اشتراکیت کا واسطہ صرف تن سے ہے اسی طرح بدن کی فربہی ہے جس سے سیہ بے نور اور دل سے خالی ہے۔ دونوں کا حاصل بے چینی اور اضطراب ہے۔ دونوں حق ناشناس اور انسان کو فریب دینے والے ہیں۔ ایک زندگی کے لئے خروج (بغاوت) ہے اور دوسرے خراج (استحصال) ہے اور انسان ان دو پتھروں کے درمیان شیشے کے مانند ہے۔

یہاں سعید حلیم پاشا شرق و غرب کے معنوی فرق پر روشنی ڈالتے اور مسلمانوں کو رجوع الی القرآن کی دعوت دیتے ہیں۔ ظاہر ہے کہ علامہ کا اشارہ پاشائے مرحوم کی کتاب "اسلام الشمق" اور ان کے واحد اصلاحی (۱۰) مقالے کی طرف ہے۔ علامہ نے اس کا خلاصہ پیش کر دیا ہے۔

بندۂ مومن ز آیاتِ خداست

ہر جہاں اندر برِ او چوں قباست!

چوں کہن گردد جہانے در برش

می دہد قرآں جہانے دیگرش!

ترجمہ:

مرد مومن آیات قراں کا امین ہے اور اس سے جسم پر ہر جہاں کی قبا چست ہوتی ہے۔ جب ایک جہاں (کالباس) اس کے جسم پر پرانا ہو جاتا ہے تو قرآن اسے دوسرا جہاں عطا کرتا ہے۔ (یعنی زمانے کے تغیر کے باوجود اس کا وجود ایک نئے انداز سے باقی رہتا ہے)

اقبال فرماتے ہیں کہ "جہانِ قرآنی" سے عصر حاضر کے مسلمان واقف کہاں ہیں؟

ورنہ وہ ایسا جہانِ رعنا ہے کہ اس کے چند ہی مناظر حضرت عمر فاروق ص میں مکمل تبدیلی لے آئے تھے، یہاں حضرت عمر ص کے اسلام لانے کے واقعہ کی طرف اشارہ ہے کہ انہوں نے اپنی بہن سے سورہ "طٰہٰ" کی چند آیات سنیں اور اسلام لے آئے تھے، اس پر افغانی "جہان قرآنی" کے چہار گانہ محکمات پر روشنی ڈالتے ہیں: خلافت آدم، حکومت الٰہی، ارض ملک خدا است اور حکمت خیر کثیر است، انسان کو خدا نے نیابت و خلافت کی جو اہلیت بخشی، وہ اس کے اشرف المخلوقات ہونے کی دلیل ہے، مسلمانوں کو چاہیے کہ وہ آنحضرت اکی روش حقہ کی پیروی میں جلوت و خلوت کی زندگی میں ایسا تعادل و توازن رکھیں کہ وہ خَلعت خلافت کے سزاوار ہوسکیں اور شرف انسانیت کے بھی۔

حرف اِنّی جاعل تقدیرِ او
از زمیں تا آسماں تفسیرِ او
برتر از گردوں مقامِ آدم است
اصلِ تہذیب احترامِ آدم است
مصطفیٰ اندر حرا خلوت گزید
مدتے جز خویشتن کس راندید
نقشِ ما را در دلِ او ریختند
ملتے از خلوتش انگیختند
می توانی منکرِ یزداں شدن
منکر از شانِ نبی انتواں شدن
گرچہ داری جانِ روشن چوں کلیم
ہست افکار تو بے خلوت عقیم

از کم آمیزی تخیل زندہ تر

زندہ تر، جویندہ تر، یابندہ تر

صاحبِ تحقیق را جلوت عزیز

صاحبِ تخلیق را خلوت عزیز

آنچہ در آدم بگنجد عالم است

آنچہ در عالم نگنجد آدم است!

ترجمہ:

انسان کی تقدیر خلافت ہے اور ساری کائنات حرف "انّی جاعلٌ" کی تفسیر ہے، مقامِ آدم آسمانوں سے بلند تر اور تہذیب کی بنیاد احترام آدم ہے، مصطفی انے ایک مدت غارِ حرا میں گزاری اور خلوت میں غور و فکر میں مصروف رہے، قلت کا نقش اسی خلوت سے ظاہر ہوا، خدا کا انکار ممکن ہو سکتا ہے لیکن نبی اکی شان کا انکار نہیں ہو سکتا، گو تو کلیم ں (موسی ں) کی طرح روشن جان رکھتا ہے لیکن بغیر خلوت کے تیرے افکار بے ثمر ہیں، کم آمیزی (خلوت) سے تخیل زندہ ہوتا ہے۔

صاحبِ تحقیق کے لئے جلوت اور صاحبِ تخلیق کے خلوت عزیز ہوتی ہے۔ عالم (آفاق)

آدم کے اندر سما سکتا ہے، لیکن آدم، عالم میں نہیں سما سکتا۔ (گم نہیں ہو سکتا)

"حکومت الٰہی" کے بارے میں افغانی فرماتے ہیں کہ انسانوں کا بنایا ہوا کوئی قانون وحی منزّل کا مقابلہ کیسے کر سکے گا؟ مغربی ممالک میں رائج مختلف استبدادی نظاموں کے دساتیر کی قدر مشترک یہی ہے کہ قوی کو قوی تر اور کمزور کو کمزور تر بنا دیا جائے، حکومت الٰہی کا قانون البتہ ہر کہ ومہ کا مساویانہ خیال رکھتا ہے۔ "لا یراعی لا یخاف" اس کا طرۂ امتیاز

ہے۔

عقلِ خود بیں غافل از بہبودِ غیر
سودِ خود بیند نہ بیند سودِ غیر
وحیِ حق بینندۂ سودِ ہمہ
در نگاہش سود و بہبود ہمہ
غیر حق چوں ناہی و آمر شود
زور ور بر ناتواں قاہر شود
حاصلِ آئین و دستورِ ملوک!
دہ خدایاں فربہ و دہقاں چو دوک!
وائے بر دستورِ جمہور فرنگ
مردہ تر شد مردہ از صورِ فرنگ!

ترجمہ:

خود بین عقل دوسروں کی بہبود سے غافل رہتی ہے، وہ صرف اپنا ہی فائدہ دیکھتی ہے اور دوسروں کے فائدے سے بے نیاز ہوتی ہے، لیکن وحیٔ حق کی نظر میں ساری خلق خدا کی بہبود رہتی ہے، جب غیر حق کو اقتدار اور قوت حاصل ہو جائے تو طاقتور کمزور کے کئے قاہر (ظلم کرنے والا) بن جاتا ہے، ملوک (آمروں) کا آئین و دستور زمیندار کو طاقتور اور دہقان (کسان) کو مزور بنا دیتا ہے، جمہورِ فرنگ کے دستور پر افسوس کہ اس کے صور سے مردہ، مردہ تر بن جاتا ہے۔

"ارض ملک خدا است" میں "ارض" کا لفظ وسیع تر معاشی اور معاشرتی اصطلاح کے طور پر استعمال ہوا ہے، "الارض للہ" کے عنوان سے "بال جبریل" میں بھی اقبال نے اس

کی روشنی میں ایک قطعہ لکھا ہے، ماحصل یہ ہے کہ مضاربت کرنے والوں کو زمین کے جملہ حقوق اور اس سے استفادہ ملے، زمین کے تمام وسائل انسانوں کا وسیلہ زیست (متاع) ہیں جس سے وہ کھانے اور مرنے کے بعد عام صورت میں اس کے کسی گوشہ میں دفن ہوتے ہیں، یہ غیر معمولی استفادہ کی ہوس اور زمین کو اپنی ملکیت میں لینے کے جھمیلے وجود انسانیت کا ناسور ہیں، اتنازعوں میں اگر توانائی صرف نہ کی جائے تو کتنے ہی دیگر مفید کام انجام پاسکتے ہیں۔

حق زمیں راجز متاعِ مانگفت
ایں متاعِ بے بہا مفت است مفت
وہ خدایا! نکتہ از من پزیر
رزق و گور از وے بگیر اور امگیر
باطن الارض للہ ظاہر است
ہر کہ ایں ظاہر نہ بیند کافر است
از طریقِ آزری بیگانہ باش
بر مرادِ خود جہان تو تراش
مردنِ بے برگ و بے گور و کفن ؟
گم شدن در نقرہ و فرزند و زن!

ترجمہ:

حق تعالیٰ نے زمین کو آدم کی متاع قرار دیا ہے اور یہ متاعِ بے بہا اسے مفت حاصل ہوئی ہے، زمین سے تو اپنے لئے رزق اور قبر کی جگہ لے سکتا ہے لیکن اس پر تیرا حق نہیں، "زمین اللہ کی ہے" کا نکتہ ظاہر ہے اور جس کی اس ظاہر پر نظر نہیں ہے وہ کفر میں

مبتلا ہے، طریقِ آزری ترک کرے اور اپنے لئے ایک نیا جہاں تراش، مال، زن و فرزند کے چکر میں پھنس جانا، بے سروساماں اور بے گور و کفن موت کے مانند ہے۔

"حکمت خیر کثیر است" دراصل رسالہ "ردّ دہریان" سے ماخوذ و مقتبس ہے، افغانی دیگر مصلحین اخلاق کی مانند ہمیشہ تلقین فرماتے رہے کہ علم وہی ہے جو عمل کے ساتھ توام ہو، جو زندگی کو سوز و ساز اور جنبش و تحریک دے، مسلمانوں نے ایک زمانے میں علوم و فنون کی برکت سے اخلاق و شرافت کو پھیلایا، اہل یورپ بھی علوم سے بہرہ مند ہوئے مگر انسانی سوز و ہمدردی کے فقدان کی بنا پر وہ مخرب اخلاق مدنیت پھیلاتے اور مہلک ہتھیاروں کے ذریعے بنی نوع انسان کو راہ ہلاکت پر چلاتے رہتے ہیں، اس قسم کے خیالات کا خاکہ "العروۃ الوثقیٰ" کے ایک اور مضمون میں بھی ملتا ہے جس کا عنوان ہے: "وذکر فان الذکریٰ تنفع المؤمنین" اور اس بحث کو اقبال نے مثنوی "پس چہ باید کرد" میں زیادہ شرح وبسط کے ساتھ پیش کیا ہے۔ "جاوید نامہ" میں فرماتے ہیں ۔

علم حرف و صوت را شہپر دہد
پاکی گوہر بہ ناگوہر دہد
دل اگر بندد بہ حق، پیغمبری است
ور ز حق بیگانہ گردد کافری است!
علم را بے سوزِ دل خوانی شر است
نورِ او تاریکئی بحر و بر است
سینۂ افرنگ را نارے ازوست
لذت شبخون و یلغارے ازوست
سیر واژونے دہد ایام را

می برد سرمایۂ اقوام را!

ترجمہ:

علم، حرف و گفتار کو پرواز اور موتی کی چمک اور پاکی عطا کرتا ہے، علم کا رشتہ اگر حق سے استوار ہو تو وہ پیغمبری ہے اور اگر حق سے بیگانہ ہو جائے تو وہ کافری ہے، اگر سوزِ دل نہ ہو تو علم شر ہے اور اس کا نور، نور نہیں بلکہ بحر و بر کی تاریکی ہے، افرنگ کے سیہ میں آگ (اسی بے سوز علم کی وجہ) سے ہے، شبخون اور یلغار میں لذت اسی کی وجہ سے ہے، وہ وقت کو پیچھے کی طرف موڑ دیتا ہے اور قوموں کا سرمایہ تباہ کر دیتا ہے۔

افغانی نے جہانِ قرآن کے محکمات و مسلمات بیان کیے تو اقبال نے استفسار کیا کہ مسلمانوں کے موجودہ جمود ورکود کا کیا سبب ہے؟ ایسی زندہ کتاب (قرآن مجید) کی حامل قوم خود کیوں مردہ ہو رہی ہے؟ اس بات کا جواب سعید حلیم پاشا دیتے ہیں کہ جاہل مذہبی پیشواؤں کی کافر گری، تعلیم یافتہ اور با استبداد افراد کی افرنگ مآبی اور دین سے بے رغبتی کی بنا پر مسلمان جہانِ قرآن کی برکات سے محروم ہیں، اس کے بعد افغانی خطاب بہ اقبال فرماتے ہیں کہ قرآن مجید میں ہر عصر کی کامل رہنمائی موجود ہے مگر اس کی خاطر اجتہادی نقطۂ نگاہ پیدا کرنے اور آیات قرآنی کی ندرت وجدت پر غور و فکر کی ضرورت ہے۔

از حدیثِ مصطفیٰ داری نصیب؟

دینِ حق اندر جہاں آمد غریب

بہر آں مردے کہ صاحب جستجو است

غربتِ دیں ندرتِ آیاتِ اوست

غربتِ دیں ہر زماں نوعِ دگر

نکتہ را دریاب اگر داری نظر

دل بآیاتِ مبیں دیگر بہ بند
تا بگیری عصرِ نو را در کمند!

ترجمہ:

اگر اس حدیثِ مصطفی اسے تجھے آگہی ہے کہ دین (اسلام) دنیا میں غربت کی حالت میں آیا ہے تو اس کا مطلب یہ ہے کہ اس شخص کے لئے جو صاحبِ جستجو ہے، غربتِ دیں اس کی آیات کی قدرت کا نام ہے، اس قدرتِ دیں کی ہر زمانہ میں ایک نئ شان ہوتی ہے، اگر تو نظر رکھتا ہے تو اس نکتہ کو سمجھ لے، اس کی روشن آیات کو دل نشین کر لے تاکہ تو اپنے زمانہ پر کمند ڈال سکے۔

افغانی، اقبال سے فرماتے ہیں کہ اسرار قرآن مجید نہ جاننے کی بنا پر انسانیت نت نئے نظام قائم کرتی اور اندھیروں میں بھٹکتی پھرتی ہے مثلاً حال ہی میں اہل روس نے اشتراکیت کے نام سے ایک نقشِ نو بنایا ہے اور میں چاہتا ہوں کہ تم اس ملت کو میرا ایک پیغام پہنچا دو، افغانی نے ملت روسیہ کو جو پیغام دیا اس کا ماحصل یہ ہے کہ: مغربی سرمایہ دارانہ نظام سے یقیناً گلو خلاصی حاصل کی جائے مگر اس کا یہ مطلب نہیں کہ اشتراکیت جیسے بے بنیاد اور ناپائیدار نظام کو قائم کیا جائے جس نے "لا" پر تکیہ کر رکھا اور "اِلّا" کا منکر ہے، کائنات نفی کے ساتھ اثبات (لا الہ الا اللہ) کی حقیقت پر قائم ہے، رہی انسانی مساوات اور سب کو معاشی سہولتوں سے بہرہ مند کرنے کی بات تو اسے دین اسلام کے علاوہ کس نظام نے پیش کیا یا کر سکے گا؟ قرآن مجید اور سنت رسول کی رو سے تاریخ اسلام کے زرین دور میں جو معاشی نظام قائم ہوا، اس میں کبھی کسی کا استحصال نہیں ہوا مگر افسوس کہ خود مسلمان اس نظام کی برکات سے دوسروں کو مستفید کر دے، بہر حال ملت روسیہ کے لیے لمحۂ فکر یہ ہے کہ اسلامی معاشی نظام کا غائر مطالعہ کر کے اور "لا" (نفی)

سے گزر کر "اِلّا" (اثبات) کی منزل کی طرف پیش قدمی کریں (ان باتوں کو اقبال نے مثنوی "پس چہ باید کرد" میں دوبارہ اور بانداز دیگر بیان فرمایا ہے، متعلقہ صفحات ملاحظہ ہوں)، پیغام افغانی کے چند اشعار درج ذیل ہیں۔

اے کہ می خواہی نظامِ عالمے
جستۂ اور ااساسِ محکمے؟
داستانِ کہنہ شستی باب باب
فکر راروشن کن از اُمّ الکتاب
چیست قرآں؟ خواجہ راپیغامِ مرگ
دستگیرِ بندۂ بے سازوبرگ!
نقشِ قرآں تادریں عالم نشست
نقشہائے کاہن وپاپا شکست
بامسلماں گفت جاں برکف بنہ
ہرچہ از حاجت فزوں داری بدہ
آفریدی شرع وآئینے دگر
اندکے بانورِ قرآنش نگر
محفلِ مابے مے وبے ساقی است
سازِ قرآں رانواہاباقی است
حق اگر از پیشِ ما بردار دش
پیشِ قومے دیگرے بگزاردش
از مسلماں دیدہ ام تقلید وظن

ہر زماں جانم بلرزد در بدن !

ترسم از روزے کہ محرومش کنند

آتش خود بر دلِ دیگر زنند !

ترجمہ :

اگر تمہیں ایک نئے نظام کی تلاش ہے تو کیا تم نے اس کی مضبوط بنیاد کی جستجو کی ہے ؟ تم نے ماضی کی داستان کے ہر ورق کو دھو ڈالا ہے ، اب اپنی فکر کو ام الکتاب (قرآن) سے روشن کرو۔ قرآن کیا ہے ؟ حاکموں ار سرمایہ دارو ۲ں کے لئے موت کا پیغام ! اور بے سروسامان بندوں کا دستگیر ! اس نقشِ قرآنی نے دنیا سے کہانت اور پاپائیت کے نقوش کو مٹا دیا۔ مسلمانوں سے کہا پنی جان ہتھیلی پر لئے رہو اور جو بھی تمہارے پاس اپنی ضرورت سے زائد ہوا سے دوسروں کو دے دو۔ تم نے (دنیا کو) ایک نئ شرع اور آئین عطا کیا۔ ذرا اسے نور قرآن کی روشنی میں دیکھو۔ اب ہماری محفل میں نہ مئے باقی ہے اور نہ ساقی ہے لیکن ساز قرآن کی نوا باقی ہے۔ اگر (یہ امانت) ہم سے چھین لی جائے تو دوسری قوم کے سپرد کی جائے گی (کیونکہ ذکرِ حق امتوں سے بے نیاز ہے۔ یہ اسی کا حق ہے جو اس کا اہل ہے)۔ جب میں مسلمان کو دیکھتا ہوں کہ وہ بندۂ تقلید وطن بنا ہوا ہے تو ہر وقت میری جان بدن میں لرزتی رہتی ہے۔ مجھے یہ ڈر محسوس ہوتا ہے کہ کہیں وہ اس شعلہ سے محروم نہ ہو جائے اور یہ آگ کسی دوسرے مقسوم نہ بن جائے۔"

ملت روسیہ کو اقبال نے افغانی کی زبانی پیغام کیوں یا ہے ؟ اس کی متعدد توجیہیں کی جا سکتی ہیں۔ افغانی نے تین بار روس کا سفر کیا اور قفقاز نیز ماسکو میں طویل مدت تک قیام کیا ، ان ہی کی مساعی سے قرآن مجید کا روسی ترجمہ اور متعدد دینی کتابیں وہاں طبع ہو سکی ہیں۔ اس طرح افغانی وہاں قرآنی پیغام پہنچا چکے تھے۔ وہ روسی زبان سے کس قدر آشنا (۱۱) اور

اس ملت کی فعالیتوں کو قدر کی نگاہ سے دیکھتے تھے۔ اپنے ایک مقالہ "واطیعوا اللہ ورسولہ ولاتنازعوا فتفشلوا و تذھب ریحکم" مطبوعہ "العروۃ الوثقیٰ" میں افغانی نے روسیوں کی مدافعانہ سرگرمیوں، مستقل مزاجی اور باہمی اتحاد کی اپنی مدافعت کر سکیں، وہ عصری تقاضوں کا خیال رکھیں اور کامل اتفاق رائے اور مستقل مزاجی سے کام لیں۔ تیسرے یہ کہ وہ دوسرے اسلامی ممالک کے مسلمانوں کے افکار و آراء سے واقف ہوں اور ملت اسلامیہ پروار دہونے والے تمام خطرات وحوادث کا متحداً مقابلہ کریں۔"

سطور گذشتہ کی روشنی میں اقبال شناسی کی خاطر مطالعہ افغانی کی اہمیت واضح ہے۔ علامہ نے افغانی کے افکار سے بھرپور استفادہ فرمایا اور ہمارا مقصد یہی ہے کہ مطالعہ اقبال کے لئے جمال الدین افغانی کی حیات و نگارشات کو سامنے رکھنے کی ضرورت محسوس کی جائے۔

(در: اقبال (لاہور) جلد ۱۹ شمارہ ۲ (اکتوبر۔ دسمبر ۱۹۷۱ء)، ص ۳۸-۴۰)

حواشی:

۱۔ Speeches and Statements of Iqbal مرتبہ Shamloo، ص ۱۶۴۔

۲۔ "تشکیل جدید الٰہیات اسلامیہ "،اردو ترجمہ از سید نذیر نیازی، بزم اقبال، لاہور،۱۹۵۸ء، ص ۱۵۲۔

۳۔ "حرف اقبال" مرتبہ لطیف اللہ شروانی،لہ آباد،۱۹۳۴ء۔

۴۔ "تتمتہ البیان فی تاریخ الافغان"، مطبوعہ قاہرہ،۱۹۰۰ء۔

۵۔ مترجمہ محمود علی خان ابوالمحاسن، مطبوعہ لاہور، سن ندارد۔

* * *